TRUCOS Y CONSEJOS PARA VIVIR EN PAREJA

TRUCOS Y CONSEJOS PARA VIVIR EN PAREJA

Lydia Shammy

Copyright © EDIMAT LIBROS, S. A.
C/ Primavera, 35
Polígono Industrial El Malvar
28500 Arganda del Rey
MADRID-ESPAÑA

ISBN: 84-9764-533-2
Depósito legal: M-1084-2005

Colección: Trucos
Título: Trucos y consejos para vivir en pareja
Autor: Lydia Shammy
Coordinación de la obra: Servicios Integrales de Comunicación
Olga Roig
Asesores: Luisa Cantarín, Lucía Domingo, Elisenda Gracia,
Ana Ibáñez, Maribel Lopera, Dionisio Trillo
Redacción y documentación: Patricia Bell, Adriana Magali,
Lydia Shammy, Eva Shongart, Yosano Sim
Corrección: F.M. Letras
Concepción gráfica: CKR Diseño

Diseño de cubierta: Alexandre Lourdel
Impreso en: COFÁS

IMPRESO EN ESPAÑA – *PRINTED IN SPAIN*

ÍNDICE

INTRODUCCIÓN

La vida en pareja es una aventura en la que no falta ningún ingrediente: emoción, pasión, alegría y tristezas forman parte de esta arriesgada empresa. Pero, como para cualquier acción que emprendamos, necesitamos la inteligencia, la reflexión y, sobre todo, el interés para llevarla a buen puerto. Lo interesante de esta apuesta es que es parte de nuestra vida y que, además, no estamos solos en ella: una pareja se construye siempre con dos, y uno de los secretos, justamente, está en luchar juntos, con la misma fuerza, y tirando hacia el mismo lado.

Claro que, dicho así, suena bastante fácil, pero todos los que en algún momento de nuestra vida (o en varias ocasiones, por qué no) nos hemos embarcado en la ilusión de formar una pareja, hemos tropezado con grandes escollos, a veces insalvables.

Cada uno de nosotros tiene sus defectos y virtudes, sus aficiones, manías, un carácter particular, y también una historia detrás, y unas metas y proyectos de vida. Cuando nos encontramos con otra persona y nos enamoramos, solemos poner por un tiempo entre paréntesis todos estos aspectos. Sin embargo, cuando el periodo de enamoramiento acaba, cuando formamos una pareja estable de dos personas que quieren compartir sus vidas, es necesario aprender a compatibilizar individualidades. Y es ahí cuando surgen las mayores dificultades.

La vida de pareja, además, no es un hecho estático. Así como cada persona evoluciona, cambia sus puntos de vista, sus intereses o necesidades, la pareja también requiere modificaciones para seguir viva. Otra vez, la cuestión de encontrar un punto de equilibrio entre lo que deseamos, lo que quiere nuestra pareja y lo que necesitamos ambos, se convierte en un desafío.

¿Cómo se hace, entonces, para tener una pareja y no morir en el intento? Evidentemente, no tenemos la receta ni la fórmula mágica. No existen reglas preestablecidas que nos permitan saber cómo actuar frente a la pareja. El código de reglas de cómo llevar adelante una vida en común todavía no se ha escrito, y está bien que así sea: cada pareja tiene que ser capaz de crear el suyo propio, tirarlo si no funciona y comenzar a escribir otro cuando aquél ya no sirva.

Por eso, este libro no debe ser leído como si fuera un manual de instrucciones de un electrodoméstico. No es nuestra intención «enseñar» a nadie qué hacer y qué no hacer ante cada situación compleja de la pareja. Nuestro objetivo es otro. Queremos acercar al lector una serie de herramientas útiles, de instrumentos con los que pueda comenzar a rever ciertos aspectos de su relación de pareja, y también a solucionar los errores que encuentre en ella.

A todos nos ocurre que, a lo largo de nuestra vida, nos encontramos con situaciones que parecen un callejón sin salida, que no tienen solución. Y cuando, además, esa situación está relacionada con nuestra vida en pareja, es decir, que la solución no depende solamente de nosotros, sentimos que el mundo está en nuestra contra nuestro. Pero, evidentemente, sólo es cuestión de permitirnos mirar las cosas desde otro ángulo, y para ello tenemos que dejarnos ayudar, comenzar a escuchar diferentes opiniones y buscar salidas. Este libro puede ser el primer paso.

Por supuesto, no todo en la vida de pareja es de color gris tirando a negro. Son muchísimas las personas que se consideran satisfechas con su relación, que están conformes con lo que han logrado y que ven a la pareja como un camino a recorrer poco a poco. Para ellos también es esta obra, porque, justamente, la vida de a dos se construye día tras día, con alegría pero también con esfuerzo y constancia. Saber de antemano cuáles son las piedras que nos podremos encontrar es un buen método para evitarlas a tiempo.

A pesar de todo, éste no es un libro conceptual. Creemos que, muchas veces, la teoría pura no hace más que dificultarnos las relaciones, no porque no sirva, sino porque en ocasiones es difícil aplicarla a situaciones concretas. Por eso, hemos recurrido a especialistas en relaciones de pareja, profesionales que llevan años observando y ayudando a hombres y mujeres a resolver sus problemas cotidianos, sus fricciones, sus malentendidos y sus problemas de comunicación. Su aporte a esta obra ha sido invalorable: sus experiencias directas con parejas y su reflexión profesional sobre diferentes aspectos son los que nos han permitido escribir este libro en un lenguaje directo y, a la vez, reflexivo.

El lector encontrará en estas páginas un espejo. Aquí podrá verse reflejado, identificado y, también, comprendido. Y, lo que es más importante, hallará una vía para encontrar las respuestas a sus preguntas, para analizar las soluciones a los problemas que hoy tiene su pareja, o que podrá tener en un futuro. Lo hará, además, de la manera más sencilla y amena: con ejemplos cotidianos, con soluciones realistas y con la opinión de expertos en el tema.

Esta obra, con todo, no está solamente dirigida a quienes hoy viven en pareja y quieren mejorar su relación. También está destinada a aquellas personas que desean formar una pareja y temen las consecuencias que ello podría acarrear en sus vidas. Muchas veces, cuando miramos a nuestro alrededor, vemos infinidad de hombres y mujeres infelices con su matrimonio, que pagarían por viajar en el tiempo y deshacer todo lo andado. Sin embargo, lo cierto es que no tiene por qué ser así. La vida en pareja puede ser constructiva, armónica y darle a cada miembro una plenitud mucho mayor de la que obtendría solo. En este caso, el lector que todavía no ha experimentado la convivencia con su ser amado podrá comprender ciertos aspectos que le ayudarán a reflexionar antes de embarcarse en su aventura.

En cualquier caso, éste es un libro para disfrutar, y si lo hacemos en pareja, mejor. Compartir con el otro las impresiones y comentarios, charlar sobre lo que leemos, mostrando nuestro acuerdo o desacuerdo acerca de lo que leamos, puede ser un buen comienzo para abrir el diálogo y comenzar a reflexionar sobre la pareja.

01

COMENZANDO A APRENDER

Es probable que el amor, con todas sus variantes y matices, con sus subjetividades, sea uno de los conceptos más complicados de definir. Cada persona puede, a lo largo de su vida, cambiar de parecer acerca de lo que para ella significa el amor, y seguramente encontrará más de una definición (amor filial, maternal o paternal, fraternal, de amistad, de pareja, etc.) en cada momento de su vida. ¿Cómo hacer, entonces, para entender qué es el amor? Busquemos algunas pistas.

Los investigadores han intentado desvelar la incógnita y, si bien no han dado una respuesta unívoca, al menos comienzan a acercarse a algún tipo de clasificación. Por supuesto, el único amor no es el de pareja, pero en esta obra vamos a centrarnos exclusivamente en él para no desviarnos del tema que nos ocupa. Pero incluso dentro del amor de pareja, debemos señalar que hay distintas maneras de querer. Según algunos de los estudios sociológicos más amplios que se han efectuado hasta ahora sobre las distintas facetas del amor, existen ocho formas básicas de querer a una pareja: romántica, lúdica, amistosa, práctica, obsesiva, altruista, pasional y por compañía.

AMOR PARA TODOS

Para dilucidar qué entiende la gente por amor, por el amor de pareja, podemos comenzar por ver qué es el amor romántico. «Es el que suele aparecer a primera vista y refleja una atracción física inmediata, y habitualmente crece con intensidad y se consume después de un tiempo, aunque a veces el enamoramiento inicial conduce a un amor a más largo plazo. Este modelo incluye una idealización de la persona amada y el deseo persistente de estar junto a ella», explica el psicoterapeuta Marcelo Galvany.

Otro estilo es el amor lúdico, en el cual los participantes «juegan» al amor diseñando una estrategia y evitando el compromiso. Es, si se quiere, un amor más precavido. Quienes lo viven no se vinculan mucho a su pareja ni sienten celos, ven el amor como algo divertido y emocionante y como una serie de retos, pero lo cierto es que no se implican a largo plazo porque lo consideran aburrido o formal.

Una tipología que encontraron los expertos, y que muchos la conocen, es el amor de amistad. Es un amor que surge cuando dos personas comienzan como amigos que comparten un interés común y disfrutan haciendo cosas juntos, en un clima de creciente ternura y calidez. La amistad, con el tiempo, puede transformarse en amor, a menudo de forma sorpresiva. Lo interesante es que normalmente logran mantener esa complicidad, y que si este tipo de parejas decide separarse pueden ser capaces de continuar siendo amigos.

Un tipo de amor identificado bastante extendido en nuestras sociedades modernas es el práctico, en el cual los amantes tienen un «retrato o contrato» de la pareja que necesitan en cuanto a personalidad, intereses y nivel social, y piensan que lo importante es que sean compatibles y que cada uno satisfaga las necesidades del otro. Los prácticos creen que si hallan a la pareja adecuada la relación funcionará y después surgirá el amor.

UN AMOR DE CONVENIENCIA

En una pareja, además de agradarse física y psíquicamente, el hombre y la mujer deben ser útiles el uno para el otro; vale decir, deben recíprocamente proporcionarse una serie de satisfacciones. Es, en buena medida, la conveniencia del amor, que se apoya en la utilidad y en el interés mutuo y proporciona así una base más sólida al amor de la pareja.

Lo que queremos decir con esto es que no porque consideremos que hay un cierto intercambio en la pareja debemos sentir que no hay amor.

El amor de conveniencia está presente, como ingrediente, en casi todas las formas de quererse. Por supuesto, las cosas tienen que ser equitativas: si sólo es conveniente para uno de los dos, es que algo falla. La exigencia mutua del cumplimiento de los deberes de cada uno es una de las condiciones para que una pareja sea armónica en su funcionamiento.

En cambio, hay quienes viven el amor de una manera obsesiva: son exigentes y buscan poseer al ser a quien aman. Quieren absorber el tiempo de la persona amada, estar todo el rato a su lado, y su existencia puede llegar a depender de la persona querida: temen ser rechazados y no soportan que se les deje de prestar atención. Este estilo de amor suele llevar al éxtasis, pero también a los celos furiosos, a la desesperación, a las obsesiones de desamparo y a finales trágicos. El cambio de este tipo de conductas no es imposible.

Tratar de mantener unos comportamientos moderados y transformar la visión absorbente que se tiene de la pareja, además de realizar actividades por separado, son elementos fundamentales para la mejora.

Otro tipo de amor bien diferente es el altruista, que implica una entrega desinteresada al otro sin exigirle reciprocidad y depositando la confianza en él. Además, es sacrificado, paciente y amable, anteponiendo la felicidad de la persona amada a la suya propia. Este tipo de amor, que responde al concepto clásico judeocristiano de amor, no parece ser muy frecuente.

LA OPINIÓN DEL EXPERTO

«El individualismo imperante en la sociedad actual no ha conseguido acabar con la dependencia que tiene el ser humano del resto de las personas. Está claro que nadie es capaz de vivir solo, de no tener amigos o gente alrededor que le demuestre su cariño: como seres humanos necesitamos imperiosamente sentirnos queridos y dar cariño a los demás. Pero el amor obsesivo implica que la persona necesita la aprobación de la pareja para llevar a cabo cualquier empresa, que sacrifica sus gustos, hábitos y amistades, en beneficio de los de su amado. A medida que el vínculo es más relevante, la necesidad es mayor. Estas relaciones pueden generar en el otro una sensación de invasión del propio espacio, agobio y numerosas discusiones. Por supuesto, al entrar en este tipo de relaciones tan dependientes, la persona no consigue llenar el vacío que le impulsa a mantener esa actitud de amor incondicional. Más aún, este vacío se acrecienta. Estas personas no pueden soportar la truco de estar sin la otra persona, pero realmente desconocen el motivo. Necesitan afecto, pero no saben lo que es.»

Gloria Rosendo
Psicóloga

Cada uno de los modelos de amor descritos refleja un tipo ideal que no aparece aisladamente o en estado de pureza, sino que puede presentarse como un episodio en el transcurso de una relación de pareja, o con más frecuencia manifestarse combinado con uno o más tipos o estilos amorosos.

PASIONES DE TODO TIPO

Los amores no siempre nos hacen del todo bien. Por ejemplo, el amor pasional es un estado emocional tan intenso que la persona se siente presa de una especie de torbellino desatado y de la irresistible atracción por el otro. Éste puede considerarse, y de hecho lo es, una auténtica mezcla o fusión del amor romántico y el pasional.

Pero hay otros amores que no hacen más que beneficiar a ambos miembros de la pareja. El amor como compañía es un tipo de amor que se desarrolla lentamente, a medida que se construye una relación satisfactoria. Así, se desarrolla una relación que se caracteriza por el calor y el afecto, poniendo el acento en la confianza, la solicitud, adaptación y tolerancia.

Según apuntan la mayoría de expertos en temas afectivos, al amor como compañía se le puede considerar una combinación del amor de amistad y el práctico.

AMAR Y SER AMADO

Más allá de las categorizaciones, una característica que los unifica a todos es que el amor es, primero, un dejarse querer. Por eso el mayor obstáculo para la experiencia amorosa no es el egoísmo (quererse a sí mismo por encima de todo) sino, más fuertemente, el no dejarse querer. Se deja querer quien permite que los demás sean como son, lo cual es ya una forma de querer.

Algunas de las características de ese amor genérico podrían ser:

‣ Dejar que la vida del otro corra por su propio cauce. Si la forzamos o la atropellamos con imágenes y fantasías ideales deja de ser amor. El amor real y realista se funda en una actitud de aceptar a los otros como son y dejarlos ser a sus anchas sin ponerle límites a la vida ajena ni encerrar su fuerza en los puntos de vista propios (prejuicios).

‣ Participar en la vida de la persona amada. Es necesario vivir a la otra persona desde uno mismo y ser, a la vez, vivido desde dentro de ella. No basta con estar junto a la otra persona, tenerla cerca, sentirla, desearla o mirarla. Es fundamental ponerse en sus zapatos, ver la vida a través de sus gafas. Y, también, ayudarle a construir su vida, además de dejarnos ayudar a construir la nuestra.

‣ Entregarse. Es fundamental darse a la otra persona, estar dispuesto. La generosidad, por supuesto, juega un papel importante, porque la entrega puede ser total si nada se exige.

AMOR Y ENAMORAMIENTO

¿No es lo mismo? No, hay sutiles diferencias entre enamorarse y estar enamorado, que son las que, en definitiva, nos ayudarán a comprender un poco mejor cómo es el amor de pareja.

Nos enamoramos cuando conocemos a alguien por quien nos sentimos atraídos y dejamos caer frente a él o ella las barreras que nos separan de los demás. Cuando compartimos con esa persona nuestros sentimientos y pensamientos más íntimos, tenemos la sensación de que, por fin, hicimos una conexión con alguien.

Este sentimiento nos produce gran placer, hasta la química de nuestro cuerpo cambia. Nos sentimos felices y andamos todo el día de buen humor y atontados. Cuando estamos enamorados nos parece que nuestra pareja es perfecta y la persona más maravillosa del mundo. Ésa es la diferencia entre el enamoramiento y el amor. Empezamos a amar cuando dejamos de estar enamorados. ¿Qué? Sí, así es.

El amor requiere conocer a la otra persona, implica tiempo, supone reconocer los defectos del ser amado, y también ver lo bueno y lo malo de la relación. No quiere decir que enamorarse no sea bueno; al contrario, es maravilloso. Sin embargo, es sólo el principio de una larga historia.

«El verdadero amor no es ciego. Cuando amas a alguien puedes ver sus defectos y los aceptas, puedes ver sus faltas y quieres ayudarle a superarlas. Al mismo tiempo, esa persona ve tus propios defectos y los entiende. Por eso, el amor verdadero está basado en la realidad, no en un sueño de que has encontrado a tu príncipe azul o a tu princesa encantada», señala el psicólogo Juan Dalmau.

El amor es, aunque suene poco romántico, una decisión consciente. Muchas veces oímos de personas que dicen que se enamoraron de alguien y que no pueden evitarlo. Pero enamorarse no es una cuestión de suerte, ni amamos por arte de magia. Tenemos que diferenciar entre sentir una gran admiración por alguien, estar muy agradecido por lo que alguien ha hecho por nosotros, e incluso desear tener una relación con alguien y amar a una persona, algo realmente muy diferente.

El amor nace de compartir, de dar y recibir, de intereses mutuos, de sueños compartidos. El amor verdadero es, además, recíproco: recibimos tanto como damos.

¿QUEREMOS O AMAMOS?

Querer y amar son cosas distintas, pero la confusión está siempre presente, y más cuando se trata de definir nuestros propios sentimientos. Tantas veces hemos luchado por una persona pensando que estábamos enamorados de ella, para al final darnos cuenta, al tenerla en nuestras manos, de que sólo sentíamos un enorme cariño o un atractivo grandísimo.

En general, al concepto querer lo asociamos a desear algo, normalmente con un propósito determinado. Podemos querer a una persona para que nos acompañe, nos haga sentir bien, nos apoye, o para que haga lo que queramos. Hay siempre una intencionalidad específica en el querer, más o menos altruista, más o menos ética.

Para muchos, el querer conduce al sufrimiento, pues se desea algo de otra persona, justificadamente o no. Y como ésta es diferente a nosotros, es imposible que piense, sienta y actúe exactamente igual a como lo hacemos. De modo que cualquier expectativa que tengamos con ella está condenada a la frustración, pues nunca se comportará exactamente como nos gustaría o placería.

Amar, en cambio, podría diferenciarse de querer si lo definimos como la aceptación al otro tal como es, con sus virtudes y sus defectos. Amar es desear lo mejor para el prójimo, aun cuando no nos guste su manera de ser, aun cuando no nos acompañe, no nos haga sentir bien o no nos apoye. Podemos estar en total desacuerdo con otra persona, podemos no quererla, pero aun así podríamos amarla.

LAS EMOCIONES Y EL AMOR

El amor es un sentimiento y un estado que nace del lugar más natural y básico de nuestro interior. Relacionarse, sin embargo, es un proceso que debe aprenderse. Este proceso es el que permite expresar, desarrollar y sustentar esos sentimientos amorosos.

Pero cada persona reacciona de manera diferente ante la aparición del amor en sus vidas. Los «intelectuales» se sorprenderán al ver que su lógica y razón se esfuman mientras ellos pasan los días flotando en el séptimo cielo. Los «sensibles» pueden estar tan abrumados por sus emociones que llegarán a sentirse un tanto aturdidos. Los que tengan problemas para establecer sus límites estarán descentrados y les resultará difícil conservar su identidad frente a su compañero. Y habrá otros que ahonden tan profundamente en su realidad que perderán el contacto con lo que los mantenía firmemente ligados a su cotidianidad.

En cualquier caso, lo que sentiremos es una avalancha de emociones, que cada cual manejará de la mejor manera posible.

LA QUÍMICA DEL AMOR

Una de las preguntas que todos nos hemos hecho alguna vez (y no importa cuánto tiempo llevemos en pareja) es por qué nos enamoramos de una persona y no de otra. Aunque parezca algo poco relevante dentro de la vida estable de dos personas, lo cierto es que el momento del enamoramiento define muchos aspectos de la relación posterior, por lo que es importante comprender el funcionamiento de nuestros mecanismos para entender, de alguna manera, cómo hemos llegado hasta donde estamos en nuestra vida.

Desde la psicología se han dado unas cuantas respuestas, y en general demuestran lo decisivo de los recuerdos infantiles —conscientes e inconscientes— a la hora de elegir con quién queremos estar. La llamada teoría de la correspondencia puede resumirse en la frase: «Cada cual busca la pareja que cree merecer».

Parece ser que antes de que una persona se fije en otra ya ha construido un mapa mental, un molde completo de circuitos cerebrales que determinan lo que le hará enamorarse de una persona y no de otra. Se considera que los niños desarrollan esos mapas entre los cinco y ocho años de edad, como resultado de asociaciones con miembros de su familia, con amigos, con experiencias y hechos fortuitos. Así, pues, antes de que el verdadero amor llame a nuestra puerta ya hemos elaborado los rasgos esenciales de la persona ideal a quien amar.

Pero hablar de la química del amor es una expresión acertada. En la cascada de reacciones emocionales hay electricidad (descargas neuronales) y hay química (hormonas y otras sustancias que participan). Ellas son las que hacen que una pasión amorosa descontrole nuestra vida y ellas son las que explican buena parte de los signos del enamoramiento.

Cuando encontramos a la persona deseada se dispara la señal de alarma, nuestro organismo entra entonces en ebullición. A través del sistema nervioso el hipotálamo envía mensajes a las diferentes glándulas del cuerpo, ordenando a las glándulas suprarrenales que aumenten inmediatamente la producción de adrenalina y noradrenalina (neurotransmisores que comunican entre sí a las células nerviosas).

Los síntomas del enamoramiento que muchas personas hemos percibido alguna vez, si hemos sido afortunados, son el resultado de complejas reacciones químicas del organismo que nos hacen a todos sentir aproximadamente lo mismo, aunque a nuestro amor lo sintamos como único en el mundo. Sin embargo, ese estado de «imbecilidad transitoria», en palabras de Ortega y Gasset, no se puede mantener bioquímicamente por mucho tiempo.

El problema es que la actividad de estas reacciones puede perdurar de dos a tres años, incluso a veces más, pero al final la atracción bioquímica decae. La fase de atracción no dura para siempre. La pareja, entonces, se encuentra ante una dicotomía: separarse o habituarse a manifestaciones que se suponen más tibias de amor (compañerismo, afecto y tolerancia).

Con el tiempo el organismo se va haciendo resistente a los efectos de las sustancias que el cuerpo segregaba, y toda la locura de la pasión se desvanece gradualmente. La fase de atracción no dura para siempre y comienza entonces una segunda fase que podemos denominar de pertenencia, dando paso a un amor más sosegado. Se trata de un sentimiento de seguridad, comodidad y paz. Dicho estado está asociado a otra «ducha química». En este caso son las endorfinas —compuestos químicos naturales de estructura similar a la de la morfina y otros opiáceos— las que confieren la sensación común de seguridad comenzando una nueva etapa, la del apego. Por ello se sufre tanto al perder al ser querido: dejamos de recibir la dosis diaria de narcóticos.

Es una buena noticia: cuando se termina la avalancha química del enamoramiento en el cuerpo, los sentimientos y las emociones parecen pasar a tener un mayor poder estimulante que las simples sustancias por sí mismas. Los sentimientos se vuelven capaces de activar la alquimia.

Aunque es un hecho científico que existe una química interna que se relaciona con nuestras emociones y sentimientos, con nuestro comportamiento, debemos tener en cuenta que no hay una causa y un efecto en la conducta sexual, sino eventos físicos, químicos, psíquicos, afectivos y comunicacionales que se conectan de algún modo, que interactúan y se afectan unos a otros.

Existe, sí, una alquimia sexual, pero se relaciona íntimamente con los significados que damos a los estímulos, y éstos con el poder que les ha concedido una cultura que, a su vez, será interpretada por cada uno, que la vive de acuerdo con sus recursos personales y su historia.

LA OPINIÓN DEL EXPERTO

«Para conservar la pareja es necesario buscar mecanismos socioculturales (grata convivencia, costumbre, intereses mutuos, etc.), hemos de luchar para que el proceso deje de ser solo químico. Si no se han establecido ligazones de intereses comunes y empatía, la pareja, tras la bajada química, se sentirá cada vez menos enamorada y por ahí llegarán la insatisfacción, la frustración, separación e incluso el odio.»

Marcelo Galvany
Psicoterapeuta

¿AMOR O COSTUMBRE?

Muchas veces nos cegamos por querer aferrarnos a alguien y pensamos que sí funcionará, más allá de las diferencias o de que no nos sintamos del todo conformes con la manera en que se desarrolla la relación. Los años que hemos pasado juntos, en ocasiones, tienen mucho que ver. Sentimos que no estamos en condiciones de vivir separados de la persona que nos ha acompañado durante todo este tiempo, pero no somos capaces de decir si todavía la amamos o si, simplemente, tememos enfrentarnos a la realidad de estar solos.

También ocurre que la misma rutina que para muchos se torna aburrida, para otros es un aspecto indispensable de la cotidianidad, y sin ella se sentirían en medio de un terremoto. En esa situación, la compañía que hemos tenido siempre es como un salvavidas, y así nos cuesta diferenciar si lo que nos gusta de ella es que nos hemos acostumbrado a su presencia, o que realmente amamos a esa persona.

Para detectar si estamos viviendo en una pareja donde el amor es, en realidad, costumbre, podemos intentar responder algunas preguntas sencillas. Por supuesto, la sinceridad es fundamental, porque hacer trampa es mentirnos a nosotros mismos.

1. Si hacemos un recuento de los últimos meses con nuestra pareja: ¿hemos hecho algo divertido juntos?

2. ¿Cuántas veces nos hemos dicho «te quiero» en la última semana?

3. ¿Le extrañamos cuando pasamos algún tiempo sin vernos?

4. ¿Le recordamos durante el día?

5. Cuando nos enfrentamos a una situación personal compleja, ¿queremos contárselo a él o ella antes que a nadie?

6. ¿Nuestra vida sería la misma sin él o ella?

7. ¿Todavía sentimos «maripositas» en el estómago cuando estamos en la intimidad?

8. ¿Hablamos a los demás de nuestra pareja cuando no está presente?

9. En nuestros planes de futuro, ¿está nuestra pareja?

10. ¿Podemos conversar abiertamente de todo lo que nos interesa con él o ella, incluso abordando cuestiones íntimas o temas difíciles?

11. ¿Sentimos que, además de pareja, tenemos en la persona que está a nuestro lado a un amigo?

LAS RELACIONES DE PAREJA QUE NADIE QUIERE TENER

Así como hay distintos tipos de amor, hay distintos tipos de pareja, definidos por la forma de ser de cada uno, y también por el tipo de contrato que se ha establecido entre ambos. Por ejemplo, una persona puede ser, en una pareja, muy dominante, pero en otra relación anterior o posterior ocupar un lugar de sumisión. Así se definen, también, tipologías de parejas, con unas características determinadas.

Muchas de estas tipologías no son las más deseables, pero muchas veces caemos en ellas por no saber revertirlas a tiempo o porque creemos que son «lo más normal del mundo». Saber que existen y que no tienen por qué ser fijas, que se pueden cambiar, nos será muy útil de cara a desarrollar con tranquilidad una buena relación de pareja.

A veces es difícil intentar reconocer qué tipo de pareja forma la nuestra, por lo que a veces es más sencillo comenzar mirando a nuestro alrededor. Por ejemplo, la próxima vez que vayamos a una reunión con amigos, podemos hacer la prueba y, por un rato, dedicarnos a observar el comportamiento de los demás, sin hablar demasiado. En seguida descubriremos cómo es la relación de los demás, y ello nos puede ayudar a observarnos a nosotros mismos.

Relación abrumadora

Este tipo de relación se caracteriza por el hecho de que uno de los miembros de la pareja es tan claramente dominante que no permite a la otra persona intervenir ni tener opinión propia. En ella, uno de los integrantes de la pareja parece que no cuenta. Es sencillo verlo: se delatan cuando uno de los dos comienza a hablar, o a decir algo, y el otro interrumpe, impidiendo que el que hablaba continúe con lo que estaba diciendo. Normalmente, el dominante toma de inmediato el tema de la conversación para expresar las ideas a su manera y de acuerdo a su versión de los hechos. Si el que juega el papel de dominado expresa una opinión, su contraparte le corrige diciendo: «No, no fue así, fue de esta otra manera».

Relación de ataque

Se caracteriza por el hecho de que uno o los dos son muy hábiles para identificar las fallas, desaciertos y defectos de su pareja,

LA OPINIÓN DEL EXPERTO

«Este tipo de relación abrumadora es, lamentablemente, bastante común. Lo que normalmente vemos es que uno de los integrantes de la pareja busca resaltar a costa del otro. Y aquí no importa si es hombre o mujer: ocurre en ambos casos. Lo que este tipo de relación pone en evidencia es una fuerte necesidad de controlar de parte de uno de los dos, o proyecta una necesidad de mostrar superioridad a través de acciones que apabullan a la otra persona».

Gloria Rosendo
Psicóloga

y los sacan a relucir como parte de la conversación habitual, ya sea en la intimidad como cuando están con otras personas. Muchas veces lo hacen como si fuera una broma, pero cuando esas «bromas» son constantes y repetidas, es probable que se hayan convertido en una manera de ser, en una forma de relacionarse, en la que se aprovecha cualquier circunstancia (especialmente la presencia de terceras personas) para sacar a relucir, resaltar y enfatizar los errores y defectos de la pareja. Este tipo de relación basado en la crítica puede llevar a una falta de respeto y a constantes golpes a la autoestima.

Relación agresiva

Se parece en mucho a la anterior, pero con la diferencia de que no se limita a la mera crítica, sino que busca formas —a veces obvias y otras muy sutiles— para agredir, destruir y poner en ridículo al otro, o para presentarlo ante los demás como una persona que no vale la pena. Son típicas las frases (utilizadas siempre en conversaciones con otros): «¿Verdad que Fulano/a está equivocado/a? Le digo que está equivocado/a, pero no me hace caso... Díselo tú, a ver si entiende». Muchas veces, este tipo de frases se pronuncia a espaldas de la pareja, aunque también el agresor puede hablar sin ocultarse. Una relación con estas características viola los principios básicos del respeto y la comunicación.

Relación teatral

Es la de esas parejas que hacen lo imposible para mostrar a los demás que su relación es perfecta y marcha sobre ruedas. La mejor forma de detectarlo es observar su trato; seguramente será excesivamente meloso: «Mi amor» por aquí, «mi vida» por allá, dicho con exageración y teatralidad, con la intención de que los demás se den cuenta de que, entre ellos, todo es maravilloso. La realidad, muchas veces, es que el trasfondo es bastante más duro, e incluso es probable que se sirvan de la máscara de la relación para proyectar una imagen ante la sociedad. En los casos en que una relación sea fingida, ambos serán conscientes de que no están construyendo una relación sólida, ni se están desarrollando emocionalmente y como personas. Simplemente se tolerarán y manejarán una complicidad por mutua conveniencia.

Relación decorativa

Estos casos son rápidamente detectables en una fiesta: los integrantes de la pareja no se dirigen la palabra en toda la reunión, parece que están aburridos el uno del otro y solamente se toleran. En general, cada uno habla con otros interlocutores, y si se pueden ubicar en distintos lugares, mejor. A los integrantes de este tipo de pareja les encantan las reuniones sociales, porque les resulta imposible salir solos, ya que se aburrirían y difícilmente se dirigirían la palabra. Este tipo de situación pone en evidencia un problema de comunicación, falta de visión y proyectos en común, un hastío y falta de sentido para la convivencia.

Las variantes que aquí hemos descrito, aunque se pueden presentar en forma muy definida, con frecuencia se presentan mezcladas, en toda la gama de posibilidades. Si las presentamos no es porque creamos ni que todas las parejas son así, ni que indefectiblemente estar con alguien implique adoptar alguna de estas actitudes. Nuestra intención es hacer reflexionar al lector: ¿en qué categoría, o mezcla de ellas, podríamos ubicar nuestra relación de pareja?

Si al hacer un análisis honesto, la evaluación no nos ubica en la clasificación que nos gustaría, entonces ya hemos dado el primer paso, al tomar conciencia y reconocer que tenemos que trabajar para que nuestra relación mejore.

LA RELACIÓN POSITIVA

Decíamos que hay relaciones, como las que veíamos, que no son las más deseables. Por supuesto, todos podemos atravesar por un periodo en el que nos identifiquemos con alguna o varias de las tipologías que hemos esbozado, pero ello no significa que las cosas no puedan cambiar. El primer paso para hacerlo es crearnos una imagen realista del tipo de relación que nos gustaría tener. A partir de ahí podremos comenzar a trabajar para conseguirla.

Es importante tener en cuenta que el amor auténtico, el que hace crecer a la pareja, requiere ir más allá de la emoción de la seducción y del ímpetu de la química.

A veces hay que frustrar las expectativas de la familia, las amistades y la sociedad. Pero también es necesario encontrar las propias expectativas reales, dejar de soñar con el hombre o la mujer ideal para comenzar a plantearnos una relación con bases sólidas, entre personas reales.

En una relación positiva encontramos que:

▸ Se percibe un trato natural, bondadoso y amable, un equilibrio en la relación y un mutuo y auténtico disfrute.

▸ Se advierte que ambos se han elegido y se eligen día a día, ponen energía en el desarrollo positivo de la relación.

▸ Es una relación sin egoísmos, en la que verdaderamente se disfruta ayudando y apoyando al otro. Se animan uno a otro para que ambos lleven a cabo sus deseos.

▸ Se respetan los puntos de vista de cada uno y jamás se infravalora al otro.

▸ Se intenta solucionar los problemas en vez de pelear, pelear en vez de abandonar y permanecer juntos por encima de los malentendidos.

▶ Los integrantes de la pareja proyectan tranquilidad, armonía y su relación se desarrolla de manera sencilla, abierta y sin complicaciones. Comparten sus alegrías y se unen frente a los problemas.

▶ Cada uno aprecia y reconoce al otro y le da oportunidad para que se exprese libremente, lo toma en cuenta, le apoya y respeta. Valoran las cualidades de su pareja y son realistas, pues reconocen sus defectos, pero siempre obtienen un balance positivo, puesto que enfatizan y aprovechan lo bueno.

▶ No necesitan estar en grupos para disfrutar el momento, conversar, compartir, pues se disfrutan como personas y han sabido desarrollar una verdadera amistad.

▶ Todo proyecto generado por cualquiera de las partes rápidamente se convierte en un proyecto común.

▶ Se encuentra una verdadera y auténtica satisfacción cuando la otra persona se ve feliz.

UNA REFLEXIÓN

Antes de acabar este capítulo y de adentrarnos en las pequeñas delicias de la vida en pareja, queremos dejar en claro una suerte de declaración de principios: no poseemos ninguna receta infalible. La vida en pareja no es el resultado de un milagro: exige ciertas concesiones, sentido común, generosidad, humildad combinada con una dosis de amor propio y una pizca de egoísmo. Por supuesto, no excluye las tormentas, esas discusiones de pareja que, bien llevadas, pueden resultar (como veremos) mucho más positivas de lo que pensamos.

Creemos que una pareja sólo está lograda cuando ambos piensan que el presente no se parece al ayer y es, quizá, mejor; y cuando no pueden describir el mañana como un tiempo en solitario. También cuando uno de los dos no intenta ni dominar ni eclipsar al otro sino, al contrario, cuando cada uno permite al otro dar lo mejor de sí mismo en todos los campos, incluso en su profesión. En definitiva, cuando nos convertimos en la fuerza que hace posible que nuestro compañero se desarrolle completamente en todos los aspectos de su personalidad, sin hacer caso omiso de sus deseos. Por supuesto, no es muy evidente ni es fácil, pero es posible.

Debemos tener siempre presente que el otro es un espejo que no nos devuelve obligatoriamente la imagen que esperábamos recibir. Tenemos que ser conscientes de que el otro también se mira en nosotros y que, a veces, no le devolvemos el reflejo deseado. Aceptar esas diferencias de matices habla de amor, de comprensión y de respeto.

La armonía de un dúo exige igualmente muchísimo esfuerzo y voluntad. Cada uno debe contribuir con su pericia, su inteligencia y su sabiduría, pero también con sus emociones y sentimientos. Saber conjugarlos es parte del juego.

02

TRUCOS PARA CONVIVIR

Los tiempos en que éramos novios quedaron atrás. «Ésas sí que eran buenas épocas...», pensará más de uno. Eran tiempos en que cada cual se esforzaba por estar en las mejores condiciones, para sonreír, para ofrecer al otro miradas cariñosas y cómplices. Ni hablar de dolor de muelas, de jaquecas y menos aún de mostrarse con un humor de perros por la mañana...

Si él/ella llegaba un poco (o muy) tarde, éramos capaces de concederle cualquier tipo de disculpa. Antes de vivir juntos, ninguno había mencionado por la noche la jornada agotadora de trabajo. ¿Y aquel fin de semana que pasamos solos los dos? ¡Cuarenta y ocho horas juntos, el colmo de la felicidad! Bueno, sí, es cierto que ella parecía un poco meticulosa, pero ¿qué importaba? Para agradarle, en vez de dispersar toda nuestra ropa por la habitación, nos habíamos ocupado de doblarla y guardarla. ¿Él tenía todo programado, cuando a nosotras nos encanta lo inesperado? En ese momento pensamos que era mejor así, porque de esa forma no perdíamos tiempo como de costumbre...

Claro que un fin de semana no es toda la vida, y que el tiempo de noviazgo ya pasó a la historia. Lo que aceptamos de buena gana durante dos días, o las características de la otra persona que no sufríamos porque no vivíamos juntos, pueden convertirse en insoportables con el paso de los años.

LO QUE DEBEMOS SABER DE LA OTRA PERSONA

Probablemente, las características que menos nos gusten de nuestra pareja no nos sorprenderán; lo que ocurre es que, aun conociéndolas, no les habíamos dado demasiada importancia. Es normal: durante el enamoramiento no somos las personas más lúcidas del mundo, y es probable que no hayamos querido ver unas cuantas cosas.

Sin embargo, lo cierto es que hemos elegido a esa persona para compartir la vida. Poco a poco, seguramente, nuestra forma de mirar al otro se ha vuelto diferente, más perspicaz pero no por eso menos cariñosa. Una vez instalados en el mismo piso, inconscientemente cada uno se esfuerza un poco menos. Simplemente, porque ya no tenemos que seguir conquistando con la misma fuerza que antes. Eso es, al menos, lo que sentimos, aunque evidentemente no es así: en el terreno sentimental no está nunca todo ganado.

Pero la cuestión es que, desde que vivimos juntos, descubrimos facetas del otro que no nos imaginábamos. Y es evidente que lo mismo ocurre a nuestro compañero que, como nosotros, hasta ahora sólo ha podido ver una parte de nuestra personalidad.

La relación de enamoramiento tiende a idealizar a la pareja, y esto mismo se convierte después en un inconveniente: con el tiempo, enfrentados a la cruda realidad de la vida cotidiana, es fácil que se caigan todos los castillos que hemos construido en el aire.

De la misma forma en que es imprescindible conocer los defectos del otro, tanto o más que sus virtudes, también debemos dejar que nuestra pareja conozca los nuestros. Nada ganaremos poniéndonos máscaras o maquillajes encubridores que finalmente terminen estafando a quien será nuestra pareja.

CONOCERNOS Y CONCILIAR INTERESES

Por supuesto, la convivencia no es sólo descubrir aspectos desagradables del otro. Puede ser una fuente de gratas sorpresas si sabemos elegir con quién estar y, sobre todo, si somos capaces de conocer a la otra persona con profundidad antes de decidir la convivencia y de aceptarla tal cual es, con sus defectos y virtudes, tal como queremos o deseamos que nos acepten a nosotros mismos como personas.

Evidentemente, no es tarea fácil. Si en el tiempo libre de la pareja él se dedica a jugar al dominó, golf o fútbol con sus amigos, y a ella le encanta pasear por los centros comerciales o quedarse dormida toda la mañana, es probable que llegue el día en el que uno de los dos, o ambos, se pregunten si estarían mejor solos o con alguien más.

Formar una pareja con lazos fuertes es, también, un continuo ceder, cambiar, hacer y rehacer proyectos personales por el bien de la relación. Lo cierto es que al no tener intereses en común, el permanecer juntos carecerá, cada día más, de sentido.

Podríamos argumentar historias de parejas que se llevan de maravilla a pesar de ser totalmente diferentes. La respuesta a esta aparente contradicción es que tendemos a estar más conscientes de las diferencias que de las similitudes, simplemente porque son más evidentes. La clave, entonces, es valorar en su justa medida los pros y los contras de estar con la persona que hemos elegido. Es decir, ser capaces de apreciar todas las cosas que alguna vez nos enamoraron y que aún hoy nos llenan de ternura o admiración, y seguir viéndolas a pesar de las cosas que, quizá, no nos gustan demasiado.

Una pareja en la que ella es muy social, le encanta ir a bodas, a fiestas, bailar, y, por el contrario, él disfruta de los fines de semana tranquilos en el campo, leer su libro y escuchar su música... ¿puede subsistir?

Es muy probable que estas diferencias motiven entre ambos alguna que otra discusión; sin embargo, el compartir muchas otras nos puede mantener unidos y enamorados. Y nos referimos

DEFECTOS Y VIRTUDES

Antes de comenzar por enésima vez la discusión sobre quién debería tener el mando a distancia del televisor, podemos hacer un sencillo ejercicio que nos ayudará a valorar a quien tenemos a nuestro lado.

1. Apuntaremos en una lista todas sus virtudes, sin olvidarnos de nada (que recuerde nuestra marca de yogur preferido cuando va al supermercado también cuenta).

2. Escribiremos ahora todos sus defectos, sin ser muy magnánimos (recordemos cómo nos ha hecho sufrir la última vez que llegó media hora tarde al cine).

3. Compararemos ambas listas preguntándonos: sus virtudes, ¿superan a los defectos?

4. Ahora apuntaremos los sentimientos que despierta en nosotros esa persona, tanto los buenos como los que no lo son tanto.

5. Más allá de la cantidad de aspectos buenos o malos que encontremos en nuestro compañero, debemos tomarnos un tiempo para reflexionar por qué estamos con él/ella, qué conclusiones —positivas o negativas— podemos sacar de la relación, tanto desde que nos conocemos como durante los últimos tiempos.

a todo, desde la admiración mutua, trucos sobre la educación de los hijos, sobre el trabajo, principios y valores, hasta disfrutar yendo al cine, comiendo mariscos, paseando en bicicleta, etcétera.

A todos, como pareja, nos sorprendería darnos cuenta de las cosas que nos mantienen unidos. A veces las olvidamos, damos por un hecho las similitudes y sólo discutimos acerca de las diferencias. Sin embargo, comenzar a compartir cada vez más actividades (sin ahogar al otro, por supuesto) puede hacernos revalorizar la pareja. Hay tres razones por las cuales compartir actividades e intereses es una herramienta poderosa de atracción:

1. Validamos mutuamente nuestros gustos e ideas.

2. Disfrutamos de la compañía que invita a enamorarnos de nuevo del otro.

3. Evita roces al tener que defender la actividad ante el otro o hacerla solo.

¿Y SI NO COINCIDIMOS EN NADA?

El amor es un acto de la voluntad. Cuando una pareja comienza, tiene mucho terreno en común, y si no, lo busca o lo fabrica. Quizá los dos se interesen en iniciar una carrera profesional, en arreglar su primer apartamento, cuidar a su primer bebé, etcétera.

Pero a medida que pasa el tiempo y que cada cual va decantándose por determinados intereses y actividades, las diferencias pueden comenzar a surgir, y podemos llegar a un punto en que prácticamente parece que no compartiéramos ningún gusto. Por eso es tan importante desarrollar actividades juntos desde el inicio; las vamos a necesitar. Siempre será una cuestión de ceder y ser flexibles; porque los intereses a los veinte años pueden cambiar por completo a los cuarenta.

EL ERROR DE QUERER CAMBIAR AL OTRO

Aunque parezca una verdad de Perogrullo, no nos cansaremos de decirlo: es imprescindible que, en la pareja, cada persona conserve su propia personalidad. Pero también es necesario no querer cambiar al otro.

Desear compartir de forma duradera la vida del otro es aceptarle tal como es, con sus cualidades pero también con sus defectos.

Sincerémonos: ¿cuántos de nosotros no hemos fantaseado alguna vez con que éramos capaces de cambiar esa característica del otro que tan molesta nos resulta? Querer corregir ciertos aspectos de la personalidad de nuestro compañero es un error en el que todos, alguna vez, hemos caído. Y, lo peor de todo, es que si no lo hemos conseguido seguramente nos hemos sentido decepcionados, o hemos cargado con las culpas al otro, que sólo se ha limitado a seguir siendo como era. Antes de pasar a la discusión de por qué nuestra pareja deja siempre el tubo de la pasta de dientes destapado, deberíamos hacernos algunas preguntas:

▶ Cuando nos conocimos, ¿él/ella ya tenía esa forma de actuar que le caracteriza?

▶ ¿Por qué antes lo aceptábamos y ahora no?

▶ ¿Cuántas cosas que sabemos que a nuestra pareja le molestan de nosotros hemos cambiado en estos últimos tiempos?

▶ ¿Hemos hecho esfuerzos por comprender por qué nuestro compañero actúa como lo hace?

▶ ¿Cuántas veces nos hemos puesto en su lugar para intentar comprender por qué tiene determinadas actitudes?

▶ ¿Nuestra pareja reacciona de la misma forma que nosotros frente a los aspectos de nuestra personalidad que no le agradan? ¿O es posible que estemos exagerando acerca de asuntos triviales?

ESAS PEQUEÑAS MANÍAS DE CADA UNO

Mencionábamos antes que es muy común, en cualquier pareja, que aquellas características propias de la personalidad de nuestro compañero que alguna vez nos parecieron hasta divertidas, tiempo después nos resulten intolerables. Y ello ocurre más frecuentemente cuando algunas manías y obsesiones pasan de ser esporádicas a permanentes, con los consiguientes problemas de convivencia. La cuestión es cómo se pueden articular las del uno y las del otro una vez que se decide vivir juntos, bajo un mismo techo.

Todos tenemos manías. A veces tratamos de ocultarlas, de enmascararlas o, al menos, de suavizarlas; y en ocasiones, las llevamos a cabo casi sin darnos cuenta. En cualquier caso, esto es algo que siempre debemos recordar: no es que nosotros seamos perfectos y nuestra pareja no; simplemente, es más fácil ver las falencias del otro que las propias. Es decir, antes de ponernos a criticar las manías del otro, deberíamos tener, como regla, mirarnos a nosotros mismos.

Por supuesto, no todas las manías son iguales. Las hay de todos los colores y formas: desde las más ridículas e insólitas, como empeñarse en dormir siempre con las cortinas abiertas de par en par, de modo que entre sol por la mañana (cuando el otro ama la oscuridad al despertar); hasta las más rebuscadas, como no permitir que nadie toque, a no ser nosotros, los cuadros que hemos colgado en la casa.

LA AVENTURA DE DESCUBRIRLAS

Las manías —propias y ajenas— no son lo primero que queremos mostrar ni ver. Conscientes de que pueden molestar a la otra persona, nos preocupamos por apartarlas y dejarlas a un lado. Esto es posible, en general, mientras no convivimos con la otra persona, porque podemos mantener esos «caprichos» en nuestros ratos de intimidad. Los problemas aparecen cuando dos personas deciden convivir, porque cada una llega con sus propios gustos y preferencias consolidados. Pero como el primer período suele ser de idealización, cuentan más las afinidades que las diferencias. Cuando transcurre un cierto tiempo, aparecen las desigualdades y, con ellas, los conflictos.

Es cierto que en muchas parejas, a medida que nos vamos descubriendo mutuamente, aumentan las desilusiones, que con bastante frecuencia superan con mucho la realización de las expectativas. Vamos descubriendo las debilidades, defectos, manías y las limitaciones del otro. Esto parece reducir la proporción de las virtudes que en principio nos hicieron amarlo. Los defectos se agrandan y las cualidades se reducen, al menos a los ojos de la pareja.

Sin embargo, las diferencias de convivencia rara vez son insalvables. Depende, en buena medida, de la disposición que tengamos para hacerlo. De hecho, somos nosotros los únicos que podemos decidir si toleramos esas cosas que no nos gustan y mantenemos la relación o si, por el contrario, los problemas y diferencias que provocan en nuestra vida diaria invitan a que tomemos otras decisiones. Frente a este tipo de choques, el amor debe ser un lugar de encuentro, de renuncia y de acuerdo compartido.

LAS OBSESIONES COTIDIANAS

¿Qué pasa si él se deja la tapa del inodoro abierta o la pasta de dientes mal cerrada? ¿Debo decírselo o morderme la lengua? ¿Y si ella se pasa horas en el baño, justo cuando tengo que entrar a cambiarme para esa reunión importante? ¿Tendría que quejarme o relajarme y esperar? Sin darnos cuenta, ciertas manías propias y ajenas terminan gobernando nuestras vidas. A veces son nimiedades y en ocasiones se trata de actitudes que no se condicen con nuestra forma de vivir la vida.

ALGUNAS INCOMPATIBILIDADES

Es bueno que tengamos en cuenta que hay ciertos hábitos que serán muy difíciles de cambiar. Si, por ejemplo, una persona se despierta normalmente con ganas de charlar o escuchar la radio con música caribeña mientras desayuna, es probable que choque con aquel que necesita una hora de silencio después de levantarse. Sí, es cierto que podemos cerrar la boca para intentar complacer al otro, o intentar prestar atención a lo que nos están diciendo a las siete de la mañana, pero probablemente no podremos mantener esa actitud por mucho tiempo. Al cabo de dos o tres meses, seguramente, llegarán las mañanas tristes.

Un buen consejo es no preguntar al otro:

—«¿Estás enfadado?»

—«¿Te sucede algo?»

La mañana, para ese tipo de personas, no es el momento. Tampoco deberíamos jugar a los inocentes diciendo:

—«Sé que te molesta que te hable a estas horas de la mañana, pero quisiera comentarte...».

Si como respuesta recibimos una mirada fulminante, nos la habremos buscado...

Lo que tenemos que comprender, en este ejemplo, es que el humor de nuestra pareja no es igual al nuestro, y quizá necesita más tiempo para deshacerse del sopor matinal. Si aceptamos esta diferencia, podremos adaptarnos con más facilidad, sin pensar que se ha despertado enfadado con nosotros.

Muchas parejas tardan años en admitir estas diferencias, y algunas ni siquiera llegan a conseguirlo. Para evitar este suplicio, muchos toman el desayuno por separado o, incluso, llegan a permanecer en silencio frente a su taza de café. Antes de deslizarnos a tales extremos, conviene dejar en claro al otro cómo nos sentimos y buscar simplemente compatibilizar estilos.

Las manías tienen dos connotaciones un tanto fastidiosas: como toda obsesión, quien las padece no siempre suele reconocerlas, y cuando son admitidas, por una cuestión de rebeldía, responden ante las críticas de quienes las contemplan con un «yo soy así». Obviamente, esto se traduce con un «si no te gusta, ya sabes lo que tienes que hacer...», algo que hace la convivencia mucho más difícil.

Algunas de las manías más frecuentes que podemos encontrar (en nosotros o en nuestra pareja) son:

▶ **La obsesión por la limpieza.** La tienen personas que no soportan ver suciedad o desorden. En la pareja se sufre especialmente cuando la persona maniática no sólo dedica mucho tiempo a limpiar, sino que obliga a su compañero a seguirle sus pasos.

▶ **El deseo del control del mando a distancia.** Muchas veces acompañado por una necesidad intensa de cambiar de canal cada dos segundos sin prestar un interés especial a ninguno y sin tener en cuenta las preferencias de la persona con la que se comparte la televisión.

▶ **Levantarse de la mesa nada más acabar de comer.** Puede ser una manía tanto de hombres como de mujeres: recoger rápidamente para limpiar en vez de disfrutar de una sobremesa agradable. Son personas que no soportan ver la mesa llena de platos sucios o de miguitas de pan. Para quienes disfrutan de los postres, esta costumbre resulta odiosa.

▶ **La manía del orden.** Se trata de individuos que no pueden comenzar a trabajar o acostarse sin haber ordenado minuciosamente sus cosas sobre el escritorio o en la casa. No pueden vivir sin darle a un objeto el lugar exacto.

▶ **La constante obsesión por que todo esté en perfecto estado en la casa.** Es el síndrome del «manitas», que pretende solucionar todos los problemas domésticos haciéndose pasar por electricista, fontanero o experto en bricolaje.

▶ **Toser o acomodarse la corbata.** Son manías típicamente masculinas. Ellos tosen cada vez que tienen la palabra, se acomodan la corbata incansablemente o se quitan basuritas imaginarias de la ropa. Son trastornos que hablan de seres que quieren impresionar o manifiestan un estado de incomodidad en un lugar o una situación. La versión femenina es la que pasa horas frente al espejo.

▶ **Mojar el baño (o su contrapartida, no soportar que mojen el baño).** Cuando en una pareja uno se empecina en dejar todo humedecido al lavarse los dientes o bañarse sin pensar en quien viene detrás, puede haber «cortocircuitos». Y si, justamente, quien viene atrás es un obsesivo de la limpieza, la combinación puede sacar chispas.

▶ **Las verificaciones interminables.** Para los obsesivos es imposible abandonar su hogar, aunque no sea más que por una hora, sin haber verificado diez o hasta quince veces que la luz está apagada, las persianas bajadas, y la lista continúa. Se escudan bajo el argumento de la seguridad, pero en realidad son ellos los inseguros, sujetos con una gran carga de ansiedad.

▶ **Las manías de los rituales.** Son personas que dan tantas vueltas antes de realizar algo, que seguramente se cansan antes de acabarlo y lo dejan por la mitad.

Frente a este tipo de choques resulta importante tener en cuenta que el amor puede ser entendido como un encuentro de identidades y no la supresión de una de éstas, en favor de la otra. Es decir, el nivel de renuncia tiene que ser compartido. Como pareja, debemos intentar alcanzar un pacto equitativo y real, para no caer en la intransigencia absoluta que convierta a la casa en un campo de batalla, ni en la tolerancia extrema. Es un trabajo de a dos, que involucra la voluntad de escuchar al otro, la capacidad de encontrar un acuerdo conveniente a ambos y la creatividad y fuerzas para reconstruir una relación mejor.

¿REALMENTE SOMOS AFINES?

Una de las claves de la convivencia satisfactoria es compartir nuestro hogar con una persona con quien sintamos afinidad. Ello, por supuesto, no significa ser iguales, pero lo cierto es que dos personas con un carácter completamente diferente, con intereses opuestos y gustos antagónicos, tendrán las cosas difíciles.

Si creemos que tenemos mucho en común con una persona cuando lo que existe es atracción física y la sensación de sentirse muy bien cuando estamos juntos, es probable que tengamos que revalorar algunos aspectos. En la pareja, la convivencia es básica, y significa pensar juntos, querer juntos, sentir juntos, gozar y disfrutar juntos. Ser afines no significa ser iguales —algo que resultaría

---

LA OPINIÓN DEL EXPERTO

«Uno de los caminos más equivocados que podemos seguir es hacer un mundo de cada cosa que nos moléste. Es importante desdramatizar los pequeños contratiempos —que casi nunca faltan—, no ser tan susceptibles y poner sentido del humor. Si hay algo en tu pareja que a ti te pone de los nervios, díselo pero con buenas formas, y luego intenta concentrarte en lo que te gusta de él sin obsesionarte con lo que te desagrada.»

Juan Dalmau
Psicólogo

muy aburrido—: la afinidad es el compartir el gusto por llevar a cabo ciertas actividades.

Dos personas que se consideren afines para formar una pareja deberían ser, además de amantes, amigos. Compartir una serie de intereses y valores para hacer más profunda y sólida esa relación es el primer paso.

Uno de los principales errores a evitar es creer que somos afines porque nos gusta estar físicamente juntos. Por ejemplo, si a un hombre le encanta el fútbol y a su pareja no, es probable que las cosas no cambien cuando vivan juntos. Si antes de compartir piso se sentaban juntos para ver un partido por el gusto de estar en compañía mutua, es probable que el día de mañana cada cual haga lo que le plazca: uno se quedará mirando la tele con sus amigos, y el otro saldrá a encontrarse con sus amistades.

Obviamente, no estamos diciendo que a cada integrante de la pareja le tienen que gustar las mismas cosas. Lo importante es conocer realmente cuáles son los gustos de nuestra pareja, en qué estamos de acuerdo, qué nos molesta o irrita. Sólo cuando sabemos quién es el otro, lo que quiere, lo que pretende, aprenderemos realmente a convivir. Sólo así sabremos respetar de forma objetiva las actividades que a cada uno le gusta hacer y, por tanto, sabremos acompañarnos.

Ser afines, entonces, no representa tener los mismos gustos en todo; ser afines representa poder tener compatibilidad para llevar a cabo diferentes actividades que sean del gusto de ambos, saber quererse, respetarse, apoyarse y mantenerse unidos pese a las diferencias.

LAS EXPECTATIVAS INSATISFECHAS

Las expectativas juegan un papel fundamental en la pareja y, de manera general, podemos decir que se crean a lo largo de la vida, particularmente a partir de la influencia de la familia de origen, de relaciones anteriores y de cultura. Aunque pueden funcionar como motor de conexión e intimidad, son también fuentes de frustración si no han sido satisfechas.

Los grandes desencantos y problemas en las relaciones suelen tener un denominador común: esperar que el compañero sea quien supla las deficiencias emocionales, de seguridad y proyectos de vida propios, cosa que no sucede. No es nada nuevo, pero sigue siendo común escuchar frases como «creí que me haría feliz y que gracias a él/ella iba a superar mi miedo a la soledad», después de una discusión o un rompimiento.

Esto ocurre porque los seres humanos contamos con un ideal de pareja que tratamos de moldear en otras personas, hasta encontrar a alguien con quien haya más o menos coincidencia. De este modo, cuando Cupido da el flechazo corremos el riesgo de depositar demasiadas expectativas en nuestra pareja que, al no cumplirse conforme avanza la relación, generan insatisfacción y conflicto.

Para evitar este tipo de situaciones, podemos tener en cuenta algunas consideraciones:

▶ Saber qué es lo que se desea de la pareja.

▶ Tener en cuenta las expectativas personales, que deben ser razonables y realistas.

▶ Ser claro al expresar lo que se espera del otro.

Muchas veces damos por sentado que nuestra pareja debe entender lo que sentimos, por lo que para muchos llega a ser molesto dar explicaciones. Es frecuente escuchar que cuando se tienen que pedir y dar aclaraciones es porque «algo anda mal en la relación». Sin embargo, eso sólo ocurre cuando idealizamos, ya que solemos pensar que una buena pareja «se comunica sin palabras» y se entiende «como si se conociera de toda la vida».

La verdad es que no se puede confiar en la adivinación del pensamiento, por lo que es mejor hablar abiertamente de temas fundamentales.

Algunos temas que deberíamos charlar con nuestra pareja, de manera de conocerla mejor, son:

▸ ¿Cuánto creemos que durará la relación?

▸ ¿Queremos tener hijos? ¿Cuántos? ¿Qué ocurriría, entonces, con nuestras carreras profesionales?

▸ ¿Estamos conformes con la frecuencia de nuestras relaciones, hábitos y tabúes referentes al sexo?

▸ ¿Qué significa la lealtad para cada uno?

▸ Creencias religiosas.

▸ ¿Qué consideramos por libertad e individualidad? ¿Cuántas horas al día pasaremos juntos, con la familia, amigos o solos?

LOS ESPACIOS PERSONALES

Sabemos que las relaciones de pareja se basan, entre otras cosas, en compartir. Se comparten las actividades, los intereses, los proyectos de vida, las preocupaciones, las tareas del hogar; en fin, la vida misma. Sin embargo, son muchos los que, a pesar de verse involucrados en una relación interactiva y complementaria, sienten la necesidad de conservar un espacio sólo para ellos.

Y es que compartirlo todo no significa perder la individualidad. Las actividades que cada uno de los miembros de la pareja hace por separado pueden, incluso, enriquecer la relación.

¿Por qué es tan importante que cada integrante de la pareja tenga un espacio sólo para él? Primero, porque es una forma de poner los pensamientos e ideas en orden. También, de complacernos con aquellas actividades que siempre nos gustaron, pero que nuestra pareja no disfruta tanto como nosotros. El hecho de que estemos en una relación formal no significa que renunciemos a algunas actividades que nos proporcionan placer por el sólo hecho de que nuestra pareja no comparta todos los intereses y gustos.

Una velada con amigos, realizar ejercicios, ir a un gimnasio, una sesión de masajes, practicar yoga o recibir clases de pintura, son algunas de las actividades en las que, usualmente, muchos deseamos preservar un espacio individual fuera de los marcos de la pareja.

Hay tres aspectos que son de suma relevancia y que debemos tener en cuenta:

1. Ambos debemos estar de acuerdo y aprobar nuestras respectivas decisiones. De no ser así, se convertiría en un punto de conflicto en la relación. Tenemos que entender que los dos tenemos el mismo derecho a conservar la intimidad.

2. Otro aspecto fundamental es la confianza y seguridad que debe primar en la relación. De nada vale que estemos de acuerdo en que nuestro compañero se vaya solo o con sus amigos, si mientras está fuera los malos pensamientos se apoderan de nuestra mente.

3. A la hora de definir nuestro espacio personal, no olvidemos marcar la línea divisoria entre la intimidad y la soledad. Nuestras actividades individuales deben tener un límite, pues puede llegar el momento en que nos sintamos solos y la pareja comience a tener problemas por distanciamiento emocional.

ASPECTOS FINANCIEROS: MI ECONOMÍA, LA SUYA Y LA NUESTRA

Cuando una pareja se enamora y comienza una relación sólo cuentan los sentimientos. Pero con el paso del tiempo entran otros factores en juego. Y el más importante de ellos es el dinero. El «vil metal» es el motor de la vida social. Sin dinero no se puede sobrevivir actualmente. El trabajo, la casa, la comida, etc... están relacionados o sustentados en él. Entonces, ¿cómo se hace para llegar a un acuerdo acerca de cómo repartir las cargas económicas en una pareja, de una manera equitativa y que, al mismo tiempo, no sea motivo de conflicto en la pareja?

En un principio parece imposible encontrar una relación lógica y coherente entre dos términos tan antagónicos como amor y dinero. El primero representa lo más alejado del materialismo. Y el segundo es el espíritu del materialismo más puro. Y en pareja es un cóctel explosivo.

Si el amor significa lo que da sentido a la vida, el dinero, en el mejor de los casos, sólo es un instrumento para vivir. En el peor es la base de la codicia, la envidia o la explotación. Lo más alejado al

LA OPINIÓN DEL EXPERTO

«La relación con el dinero es diferente en hombres y mujeres. Desde el punto de vista masculino, el dinero proporciona sensación de poder. A ellas les produce seguridad, autonomía e independencia. Ganar un sueldo confiere a la mujer una sensación de ser dueña de su destino. En general, el dinero hace que la gente se sienta independiente y responsable de su vida. Tener una adecuada relación con él significa en cierto modo poseer un buen equilibrio psíquico. Pero no es fácil conseguirlo.»

Damián Castro
Sociólogo

sentimiento del amor. Pero ambos factores deben convivir en una relación de pareja.

Si hablamos de dinero, hay que buscar una solución lógica para no estropear la relación con temas económicos. Cuando trabajan ambos cónyuges, una buena solución es mantener tres cuentas distintas. Una para gastos comunes, alimentada por las otras dos. Éstas serían las personales de cada uno para administrarlas a su gusto.

Aunque la pareja es una especie de sociedad, los expertos recomiendan mantener una parte de la situación financiera de manera personal y privada. Cada uno debe hacerse cargo tanto de su propio dinero como del que comparte con su pareja, por lo que conviene que ambos tengan cuentas a controlar y tarjetas de crédito a su nombre. También es importante que cada uno aprenda a manejar la administración del dinero.

Además, se deberían mantener también las tres cuentas cuando lleguen los hijos y la mujer necesite quedarse en casa. O en el caso de la pérdida del empleo de él. Obviamente, a ingresos más elevados, más subirán las tres cuentas, y viceversa, a poco dinero menor bote común.

ALGUNOS CONSEJOS PARA MANEJAR EL DINERO DE LA PAREJA

▸ Dividir las tareas financieras. El manejo del dinero de una pareja es trabajo de los dos. La responsabilidad en el manejo de las finanzas es una tarea a compartir.

▸ Decidamos quién de los dos pagará las cuentas.

▸ Fijemos las metas de forma conjunta. Asegurémonos de que las necesidades de cada persona sean satisfechas de la mejor manera posible en virtud de sus capacidades financieras.

▶ El que se especialice en las matemáticas puede ir tomando nota de los ingresos y egresos, y quien tenga cualidades de orden puede recolectar y ordenar todos los recibos y facturas, en lugar de hacer como muchos que suelen dejarlos olvidados sobre el escritorio todas las noches.

▶ Hablemos con nuestra pareja, comuniquemos cuál es la filosofía que tenemos para el manejo del dinero y descubramos la de él o ella. Hablemos sobre cómo poder satisfacer las perspectivas monetarias de ambos, salvando las diferencias.

▶ Conversemos acerca de los sueños y objetivos, y decidamos el rol que ocupará el dinero para alcanzar esas metas.

▶ Desarrollemos un plan para resolver estos objetivos sin afectar la calidad de vida de ninguno de los miembros de la pareja.

▶ Discutamos sobre cómo manejaremos las cuestiones diarias con el dinero.

▶ Fijemos una cantidad de dinero que cada uno de nosotros pueda gastar semanalmente sin necesidad de consultar al otro.

LOS OTROS Y NOSOTROS

En la vida de pareja, tenemos que tener en cuenta que el otro, al igual que nosotros, no nació el día que nos conocimos. Detrás tiene una historia y, cómo no, una familia. Es cierto que nosotros sólo elegimos a una persona, pero seguramente tendremos que aprender a relacionarnos de forma adecuada no sólo con él o ella, sino con toda su familia.

En ocasiones, esta relación puede darse con fluidez y sin tiranteces. Que así ocurra no es cuestión de magia. Implica un cierto esfuerzo y una buena dosis de predisposición para que, en lugar de una gran fuente de problemas, la familia política sea una fuente de apoyo.

Por supuesto, nuestra relación con la familia política que nos toque dependerá, en buena medida, del lazo que nos permita crear nuestra pareja con sus seres queridos. Y, también, del tipo de unión que tenga él con ellos.

Ocurre que, llegado el momento de hacer una vida independiente, son muchos los que no son capaces de romper ese vínculo familiar y dejan que padres, madres o hermanos se involucren una y otra vez en su nueva vida en pareja. A los padres les cuesta entender que su hijo lleva una vida independiente, o que es su pareja la persona responsable de discutir con él los diferentes problemas que surjan.

Muchas veces, estos problemas familiares surgen a raíz de cuestiones económicas. Por ejemplo, cuando la pareja decide comprar algún bien, como un coche o una casa. Es comprensible que las familias quieran dar su opinión acerca de la conveniencia o no de la inversión, pero las decisiones deben ser tomadas en pareja. El argumento es claro: si el dinero es de la pareja, y son ellos quienes van a utilizar y necesitan aquello que van a comprar, ¿por qué deberían delegar la decisión en los demás?

A menudo vemos a parejas con conflictos entre ellos debido a que los padres no les dejan vivir: se meten en todo, quieren organizarles la vida y, por otro lado, el hijo en cuestión no hace nada para pararles, con lo cual, su pareja está malhumorada y negativa.

Éste es un problema de los padres por no aceptar que su hijo ya ha crecido y es independiente, y también de los hijos por no cortar el vínculo de dependencia que tienen con sus padres. Con este panorama nos encontramos en un círculo vicioso difícil de solucionar. La comunicación con la pareja cada vez se hace más complicada y los conflictos se repiten día a día.

¿Qué podemos hacer? En primer lugar deberemos tener en cuenta una serie de creencias irracionales que están detrás de estos comportamientos, como por ejemplo: «Mis padres son los mejores y siempre tienen razón», «Sólo quieren ayudarme», «Mi pareja no los entiende porque no son sus padres», «A mis padres les debo todo», «Tengo que pagarles lo que han hecho por mí», etc.

Detrás de todas estas frases va implícita una obligación adquirida que nos impide ser coherentes en las distintas situaciones. Actuaremos llevados por la obligación y no por lo que realmente deseamos, con lo cual estaremos insatisfechos a pesar de todo. Los hechos que realicemos ayudarán a tener contentos a nuestros padres, pero no a nosotros mismos ni a nuestras parejas.

En segundo lugar, aprenderemos las normas básicas de la manipulación para tenerlas presentes siempre y evitar que alguien las utilice con nosotros. A menudo nos encontramos ante unos padres que nos hacen sentir culpables por haberles abandonado, por no hacerles caso, por no devolverles lo que hicieron por nosotros, etc. Los manipuladores se centrarán en nuestra baja autoestima y en nuestra inseguridad para hacernos frente; por lo tanto, éstos serán dos puntos a tratar importantes para poder cortar sus insinuaciones de raíz.

Algunos consejos que deberíamos seguir para lograr una buena relación con las familias políticas:

▸ **Dedicar tiempo a la pareja.** Conversar sobre los conflictos con los padres entre los dos, siguiendo unas reglas básicas de comunicación, puede aclarar los sentimientos. Utilizaremos un lenguaje sosegado y tranquilo, e intentaremos buscar soluciones que nos reconforten a ambos.

▸ **Aprovechar bien el tiempo.** Es importante saber separar los momentos y distribuir los tiempos: no podemos estar siempre en casa de los padres de uno, por ejemplo, y nunca en los del otro. Este tipo de cosas, a la larga, genera suspicacias y enfrentamientos. Si los padres están enfermos o con algún problema y nos están quitando mucho tiempo de nuestra vida familiar, intentaremos buscar tiempo para nosotros y los niños, y hacer cosas que nos unan y nos gratifiquen.

▶ **El tiempo libre, para la pareja.** Si pasamos muchas horas fuera por trabajo u otras obligaciones, tenemos que aprovechar el tiempo libre para estar juntos. Si ello implica espaciar las visitas a las familias, tendremos que considerarlo. Así como la pareja debe pasar a un primer plano, los padres tendrán que pasar a un plano diferente: nuestra función con ellos será de ayuda y apoyo cuando lo necesiten, pero no siempre; ahora cada uno tiene su vida independiente.

▶ **No fomentar la dependencia de los padres.** Ni nosotros de ellos, ni ellos de nosotros. Poner límites a los padres también es importante. Por ejemplo, no pueden venir a casa sin avisar y cuando les plazca, no pueden entrar en casa y disponer todo como si fuera la suya. Tampoco pueden apuntarse a todos los eventos familiares sin haber sido invitados (vacaciones, fiestas, salidas, etc.). En todo caso, si es necesario les ayudaremos a que tengan una vida social y a que no dependan de nosotros.

▶ **Crear un espacio propio.** Debemos trabajar para crear nuestro propio espacio, y no dejaremos que entren en nuestro dormitorio padres, hermanos, amigos, vecinos, compañeros, etc.

SUS, MIS Y NUESTROS GUSTOS SEXUALES

Seguramente, en nuestra relación no sólo el sexo es importante, pero deberíamos empezar por reconocer que ocupa un lugar fundamental en nuestra vida de pareja. Y que nuestras relaciones sexuales sean satisfactorias depende pura y exclusivamente de nosotros, aunque, por supuesto, no hay que hacer un drama si no lo son totalmente.

Las parejas que alcanzan una plenitud sexual y, sobre todo, pueden mantenerla con el paso de los años, son aquellas que han sabido enfrentarse a un demonio muy temido: la rutina. Pero son, también, las que han sabido liberarse de ciertos tabúes, conversar con su pareja y, sobre todo, comunicarse en todos los aspectos. Todo ello, por supuesto, no es una tarea imposible, sólo requiere tiempo y ganas.

Una de las reglas básicas para lograr que se mantenga con nuestra pareja una relación sexual satisfactoria es hablar, y con sinceridad, es decir, hablar siempre al otro de aquello que deseamos, sentimos.

El primer paso es hacernos las preguntas correctas para saber qué es exactamente lo que queremos de nuestra pareja. Tampoco estaría de más hacer un rápido balance y mirar un poco (sólo un poco) hacia atrás, de manera que evaluemos qué hemos conseguido y qué nos ha quedado en el tintero.

Uno de los enemigos de la sexualidad es que seguimos teniendo tabúes ancestrales, determinada educación nos impide tratar algunos temas que tienen que ver con la vida sexual, aunque tengamos como interlocutor a la persona que amamos. Pero cuando no comunicamos de una manera natural y abierta cuáles son nuestros gustos sexuales, ni permitimos que el otro lo haga, impedimos que los gustos sexuales propios de la pareja se desarrollen adecuadamente.

Conocer a nuestra pareja implica, también, saber qué le gusta y qué no, y para ello debemos estar atentos, probar, preguntar y, sobre todo, respetar al otro.

Si tenemos como objetivo mejorar las relaciones sexuales con nuestra pareja, seguiremos unos sencillos consejos:

▸ Hablar con él/ella de lo que nos gusta o no nos gusta y preocuparnos de conocer las preferencias del otro y de satisfacerlas.

▸ Durante el acto sexual, debemos especificar qué es lo que queremos o nos gusta: frecuencia, técnica, rapidez...

▸ Nunca debemos tener miedo de expresar todo aquello que nos preocupe, sobre todo si se trata de algún aspecto relacionado con nuestra propia satisfacción sexual. No eludir los problemas, sino hablarlos sinceramente para intentar solucionarlos.

LA OPINIÓN DEL EXPERTO

«Las fantasías, evidentemente, juegan un papel importante dentro de la sexualidad de la pareja. Compartirlas, además, puede ser un juego excitante. Si sabemos cuáles son las de nuestro compañero, podemos preguntarnos en qué medida se corresponden con las nuestras.

Por supuesto, no necesariamente tiene que gustarnos lo que nos proponga. A veces creemos que si no aceptamos nos considerará una persona anticuada, cerrada o chapada a la antigua, y tampoco queremos que nos vea así. Entonces, si lo que nos pide es completamente contrario a nuestro temperamento, estamos en todo nuestro derecho de negarnos. Por supuesto, lo recomendable es hacerlo con una charla, donde podamos exponer nuestras razones.

Si el otro nos pide que aceptemos sus deseos más inesperados, debemos actuar en función de nuestro instinto. Y si nos sentimos identificados con sus fantasías, no deberíamos sentir ningún tipo de prurito en admitirlo: la libertad, dentro de una pareja, es fundamental. Además, no debemos olvidar que las fantasías sexuales, cuando son realizadas porque ambos están de acuerdo, son el antídoto ideal contra la rutina.»

Clara Tomás
Sexóloga

▸ Debemos siempre tener respeto hacia nuestro compañero, ya que por encima de todo tenemos que valorar su carácter e idiosincrasia para con nosotros.

▸ No creer que sin hablar y haciendo el amor se solucionan todos los problemas.

▸ Aprender a comunicarnos adecuadamente con nuestro compañero y no esconder los problemas pensando que con el paso del tiempo se olvidarán. Esto no es cierto; es más, éstos siempre terminan aflorando.

▸ No ceder, bajo ningún concepto ni en contra de nuestra voluntad, ante los deseos del otro.

▸ No mantener una postura orgullosa, buscando imponer siempre la voluntad propia.

▸ Expresar todo aquello que sintamos, ya que se van a adquirir unos hábitos de comunicación que facilitarán un mayor acercamiento de la pareja a todos los niveles.

COMUNICACIÓN, LA CLAVE

A lo largo de este capítulo (y lo seguiremos haciendo) hemos hablado de la necesidad de la comunicación en la pareja, tanto para conocerse como para sobrellevar los contratiempos cotidianos relacionados con cuestiones tan fundamentales como las manías de nuestra pareja, el espacio de cada uno, la relación con la familia o el manejo del dinero, por ejemplo.

Pero ¿de qué hablamos cuando tratamos de comunicación? Cuando queremos formar una pareja, debemos construir nuestros propios canales para informar al otro acerca de lo que nos pasa, de lo que nos alegra, nos preocupa, lo que deseamos o nos molesta. Y, al tiempo, debemos permitirle al otro hacer lo mismo. En una pareja, la comunicación también se logra a través de abrazos, caricias, y de compartir actividades que ambos disfrutan. Sin embargo, en ocasiones, es necesario decir las cosas de la manera más clara posible para evitar malos entendidos.

A lo largo de esta obra iremos analizando muchas más situaciones cotidianas de pareja y la forma conveniente de abordarlas, pero antes conviene repasar cuáles son algunas de las reglas básicas de una comunicación efectiva, y echar un vistazo a algunos trucos para llevarla a cabo.

▶ Mirar a los ojos y conversar.

▶ Determinar el origen de la tensión. Preguntarnos si se debe a la pareja, los hijos o algo más. Esto nos dará la oportunidad de entender la causa y evitar la tentación de sacar las frustraciones contra quienes no son responsables de las mismas.

▶ Discutir los problemas en busca de una solución y no para descalificar la otra opinión.

▶ Sugerir soluciones, cuando las tengamos. Sin defender ni atacar. No hay nada peor que inhibirse.

▶ Confrontar el problema con espíritu de cooperación para que el resultado sea positivo. Las actitudes catastróficas no ayudan.

▶ La comunicación sirve para aclarar los hechos y que el otro comprenda nuestro punto de vista. El objetivo no es ganar la «batalla», porque de este modo se utiliza cualquier arma contra el oponente (burlas, críticas o amenazas), y con esto sólo se consigue más discrepancia y rencor que una solución.

▶ Discutir sólo lo que vale la pena. Establecer prioridades y no enfrascarse en discusiones inútiles, ahí todos perdemos.

▶ Abordar sólo un problema cada vez. Muchas veces, a la hora de afrontar un problema en la pareja, ésta comienza a divagar, es decir, pasa de un problema a otro sin terminar de solucionar completamente el primero.

▶ Repetir el contenido del mensaje recibido. A la hora de resolver un problema es importante hacer un resumen de lo que la otra parte de la pareja ha dicho para comprobar que se le ha entendido bien y no hay ninguna confusión al respecto.

▶ No hacer inferencias. Sólo hay que hablar de lo que se pueda observar, sin hacer especulaciones de lo que la pareja pueda pensar o creer. Para resolver una cuestión se ha de ser específico y se ha de basar en lo observable, ya que las disputas acerca de lo que se cree que una persona siente o piensa, o acerca de sus intenciones, no pueden resolverse nunca.

▶ No usar indirectas, pues sólo sirven para no comprometerse.

▶ Formular los pedidos en forma positiva para evitar un rechazo. En lugar de decir: «No quiero que llegues después de las 9:00 de la noche», podemos decir: «Me gustaría que llegaras antes de las 9:00 de la noche».

▶ Ser amable, aunque el otro no lo sea. No calificar al interlocutor con adjetivos negativos porque eso crea barreras.

▶ Antes de discutir, partir de la base de que el otro puede tener algo de razón.

▶ Escuchar sin interrumpir a la otra persona cuando dice algo con lo que no estamos de acuerdo.

▶ El cambio de comportamiento ha de ser mutuo. Una vez que entre los dos se ha llegado a una solución posible, para ponerla en práctica deberá haber un cambio en la forma de actuar. Este cambio se ha de producir en los dos, ya que será más fácil hacerlo así que individualmente.

03

EL ARTE DE LA SEDUCCIÓN

Las relaciones de pareja no son inmodificables: cambian con el tiempo, y hay que saber adaptarse a las circunstancias. Los años de convivencia, los problemas de la relación o la llegada de los hijos pueden contribuir a erosionar o romper este vínculo. Por ello, es necesario estar siempre alerta y no dejar nunca de seducir al otro.

Si bien tras los primeros meses de relación la seducción suele pasar a un segundo plano, lo cierto es que, muy por el contrario, hemos de mantenerla más viva que antes. Unas flores o arreglarse para que el otro se sienta atraído son trucos tan antiguos como efectivos.

IMPORTANCIA DE LA SEDUCCIÓN

A veces, con el paso del tiempo, la relación se convierte en rutina. Como consecuencia llega el desencanto, y en ocasiones el distanciamiento se acentúa, abriendo un gran abismo en la pareja. Para superarlo, es importante reconocer los primeros indicios, cuando aparecen, y luchar por hacerles frente.

A medida que evoluciona una relación, es normal que afloren las diferencias, aunque también lo es que se establezcan fuertes raíces que la afiancen. Pero realmente no basta con enamorarse. Una buena relación hay que trabajarla a cada instante.

Casi todas las parejas empiezan su relación con amor, grandes esperanzas y un manojo de sueños. Pero el tiempo hace que ellas se esfumen. El encanto de los primeros tiempos se diluye en la rutina del día tras día. Se llega a pensar que esa persona que prometía ser el mejor amigo para toda la vida, el alma gemela, el cómplice y acompañante, se ha convertido en alguien con el que se pasa el tiempo aburrido y se tienen menos cosas en común que las que una vez pensamos. Algo se ha perdido y ya no es lo mismo.

Algunas de las preocupaciones más habituales de hombres y mujeres es pensar que ya no quieren a su pareja o, peor aún, que su pareja les ha dejado de amar, negándole la oportunidad de alcanzar la felicidad que siempre han añorado. Afirman que se aburren, sienten que han evolucionado y tienen deseos de experimentar cosas nuevas en su vida de pareja, mientras que el otro se ha quedado atrapado en la monotonía, ya no es interesante, excitante, ni sexualmente atractivo o activo, dando paso a la apatía, el menosprecio y la indiferencia.

Los primeros indicios de monotonía surgen cuando, después de terminar las rutinas diariamente, sólo se quiere tener tiempo para sí mismo. Por ejemplo, nos damos cuenta de que hemos caído en ella cuando experimentamos una sensación de alivio cuando nuestra pareja está de viaje o fuera de la ciudad, o cuando a su regreso no nos emocionamos como antes. También se hace evidente cuando uno de los dos no quiere estar junto al otro, cuando esquiva su presencia y posterga las salidas íntimas o simplemente hace de la salida en pareja un acontecimiento multitudinario, es decir, cuando la necesidad de estar juntos ha pasado a un segundo plano.

Esta falta de seducción mutua y de enamoramiento tiene otras consecuencias. Muchos comienzan a sentirse mal consigo mismos en la relación, y es común oír frases como: «No me gusto», o «Me siento vacío», o bien «No puedo demostrar afecto».

Sin seducción llega el desenamoramiento. Y todo lo que acarrea: probablemente, uno de los amantes reducirá la comunicación e iniciará la construcción de un mundo propio y privado, fracturando el espacio íntimo, reduciendo el contacto físico y excluyendo a la pareja de sus intereses particulares.

Para evitarlo, si es que la relación en realidad interesa, es vital poner en práctica la creatividad, pues éste es el recurso con el que contamos. Cuando existe interés de retomar la relación es necesario hacer un repaso a los cambios que se han sucedido desde que se ha formado la pareja, y comenzar a ver qué aspectos han cambiado para bien y cuáles para mal. A partir de ahí, tenemos que emprender el camino de la seducción con un objetivo primordial: reconquistar a nuestra pareja.

LOS ASPECTOS QUE MATAN A LA PASIÓN

- La inapetencia sexual y falta de deseo.
- Olvidarse del arte de los besos y no preocuparse por aprender.
- Recurrir a caprichos y chantajes emocionales.
- Descuidar el aspecto exterior.
- Hablar maravillas sobre otras personas y no dedicar un momento en hacerlo sobre nuestra pareja.

LA IMPORTANCIA DE LA HIGIENE Y LA BELLEZA

Si queremos seducir a nuestra pareja, ya sea porque sentimos que se ha abierto una brecha entre ambos, o simplemente porque nos apetece sentirnos bien con nosotros mismos y con nuestro ser amado, tenemos que comenzar a mirarnos al espejo. Por supuesto, no estamos hablando aquí de que, para seducir, tengamos que ser ejemplos de belleza: nos referimos a la necesidad de gustarnos como somos para, luego, poder conquistar al otro. Y para ello, hace falta mimarnos, cuidarnos y hacer todo lo posible para que nuestra estima se vea fortalecida.

Desde estas páginas, además, queremos contribuir a desmitificar el mito de que «sólo la belleza garantizará el disfrute sexual». Es evidente que el primer contacto con el otro es el visual, pero la forma que tenemos de mostrar nuestra belleza dice más de nosotros que la belleza misma. Y puede resultar mucho más seductora una sonrisa amplia y sincera en un rostro corriente, que una boca perfecta, pero que exprese a todas luces un rictus de tristeza.

A pesar de que la mayoría de los hombres y mujeres no se resisten ante los atributos del sexo opuesto, éstos no son el medio más efectivo para conquistarlos.

En una relación de pareja, buscamos el equilibrio perfecto entre el aspecto físico y el aspecto interior, y con una gran tendencia a veces equivocada a llevar en primer lugar el carácter y el empuje que el otro posea.

Aquí es donde entra en juego la seducción. Seducir es poner en escena lo mejor de uno mismo, es una representación de lo mejor de uno. Podrá ser belleza, inteligencia, ideas creativas, tono de voz cálido, amable, modales suaves, desenvueltos, alegría, risa espontánea, buen humor, saber escuchar, mirar atentamente a los ojos, un buen perfume, colores intensos en el vestir, en fin, la lista podría seguir y seguir.

La sexualidad es comunicación verbal (las palabras) y no verbal (los gestos, la vestimenta, las caricias físicas, entre otras). Por eso la seducción va más allá de la belleza.

SEDUCIRNOS A NOSOTROS MISMOS

1. Tomaremos una foto en que se nos vean con claridad los rasgos y los gestos del cuerpo, lo más actual posible.

2. La estudiaremos en detalle, observando la expresión del rostro, la posición de la cabeza, el pelo, la postura del cuerpo, cómo están puestas las manos, brazos, pies, piernas...

3. También analizaremos otros aspectos, como la ropa que llevamos: cómo nos queda, cómo nos hace sentir.

4. Si en la foto estamos acompañados, haremos el mismo análisis.

5. Extraeremos las conclusiones: ¿nos agrada la imagen que vemos, nos enoja, quisiéramos realizar algún cambio?

Podemos compartir nuestras conclusiones con la pareja, con algún amigo o amiga, o simplemente apuntarlas en un papel para poder releerlas cuando nos apetezca.

Cuando hablamos de seducción, no podemos dejar de lado los sentidos. Aquí cuentan, y mucho. Uno de los principales es la vista, pero no el único. El tacto puede ser tanto o más seductor, si sabemos utilizarlo a nuestro favor. Una caricia o roce en el momento y sitio adecuados (cara, manos...) puede despertar el interés en la otra persona. Algo similar ocurre con el olfato. El olor natural de un hombre o de una mujer puede desencadenar un vivo deseo. Aprender a apreciar el olor natural de nuestra pareja (y permitir que el otro también lo aprecie, sin obsesionarnos con taparlo sistemáticamente con perfumes) es muy importante. Por supuesto, debemos llevar cuidado, ya que esos olores personales, según la ropa utilizada y la época del año, pueden transformarse en malos olores. Es recomendable utilizar prendas hechas de materiales naturales, como el algodón, la lana, la seda, etc.

Hay que destacar que el aseo, en este caso, es un factor decisivo. Mantener una buena higiene corporal es, aunque parezca poco romántico, tanto o más importante que lucir una prenda sexy. Por ejemplo, una boca mal cuidada o un aliento insoportable pueden echar al traste todo proceso de aproximación. Si, por ejemplo, fumamos o bebemos alcohol y nuestra pareja no lo hace, puede resultarle desagradable hasta el simple acto de darnos un beso. Tener en cuenta estos pequeños detalles forma parte de la seducción.

Por último, algunos consejos para quienes quieren hacer de la seducción a su pareja algo cotidiano:

▸ Debemos arreglarnos para nuestra pareja. Renovar las prendas de temporada, consultar las nuevas tendencias y aprender a llevar la ropa es fundamental.

▸ Evitaremos llegar a casa y ponernos la prenda más vieja o gastada. Es cierto que cuando estamos en casa queremos comodidad, pero nuestra pareja también quiere vernos guapos. Y si nos arreglamos tanto para ir al trabajo, ¿por qué no hacer lo mismo cuando vemos a nuestra pareja?

▸ Cuando salgamos juntos, especialmente si es una salida de a dos, procuraremos arreglarnos como si fuera la primera cita. En el caso de ella, un maquillaje cuidado o un nuevo estilo de peinado pueden causar una grata sorpresa. En el caso de él, afeitarse o recortar la barba o el cabello, y usar el perfume que ella nos regaló, pueden ser gestos muy apreciados.

▸ Si hemos cogido algunos kilos de más o nos hemos dejado estar con el gimnasio, es recomendable cambiar, aunque sea poco a poco, algunos hábitos. Una dieta suave pero constante o salir por las mañanas a correr pueden hacernos sentir mucho mejor y, al tiempo, ayudarnos a seducir.

▸ Un consejo para las mujeres: las mascarillas o cremas para la cara pueden tener excelentes resultados a largo plazo, pero seguramente tienen un efecto catastrófico si las usamos justamente cuando nos acostamos junto a nuestra pareja. Es preferible evitarlas si queremos tener un momento de intimidad.

SEDUCIR A TRAVÉS DE ACCIONES

La seducción consiste, básicamente, en despertar el deseo del otro. Se trata de atraer la atención, mostrarse interesante y, sobre todo, agradar. Por tanto, la finalidad de la seducción es establecer una relación (afectiva o sexual) con esa persona a la que se pretende conquistar. Por ello, en la seducción vale cualquier arma que queramos utilizar.

Tradicionalmente, ha sido el hombre quien ha tomado la iniciativa de cortejar a la mujer deseada. Sin embargo, con el tiempo, las mujeres han ido cambiando este rol de ser seducidas a dar el primer paso. Hoy, en una pareja, cualquiera de los dos puede (y debe) seducir al otro.

Por supuesto, aunque hay gente que parece tener virtudes innatas para seducir, nadie nace sabiendo. Y en una pareja, donde es necesario sorprender todo el tiempo, a veces resulta más difícil. Afortunadamente, el juego de la seducción es un arte que se puede aprender y mejorar conociendo sus claves. Y una de ellas es saber actuar de una manera especial. Hay varias acciones que, aunque sutiles, pueden darnos muy buenos resultados si sabemos llevarlas a cabo en el momento indicado. Algunas de ellas son:

Mirar de una manera especial

Los ojos, dicen, son el reflejo del alma. Los ojos muestran nuestro estado anímico: la tristeza, la alegría, la felicidad, el deseo, etc. ¿Hay algo más sensual que la mirada de un hombre y una mujer enamorados? ¿Hay algo más sensual que una intensa mirada de deseo? Vale la pena, pues, ejercitar una mirada intensa y que refleje nuestro deseo y sensualidad. Para ello, podemos practicar delante de un espejo e intentar mostrar amor, ternura, pasión y deseo. Aunque al principio podemos sentirnos incómodos, si lo tomamos como un juego también nos divertiremos. Sólo un poco de tiempo y de práctica bastarán para ver resultados sorprendentes.

Sonreír con arte

Es un gesto de aprobación con el que sutilmente mostramos interés hacia el otro. Además, la sonrisa marca los rasgos más importantes de la cara, y así la boca y los ojos aparecen ante el otro, en una posición agradable y armoniosa. Lo fundamental, en este caso, es resultar natural, por lo que, más que práctica, lo que se requiere es buena predisposición.

Hablar y decir (casi) todo

A veces, no es tan importante qué decimos, sino cómo lo decimos. Cuando queremos seducir a nuestra pareja, debemos usar un tono de voz diferente al que normalmente acostumbramos a emplear para las cosas cotidianas.

En general, siempre conviene procurar hablar despacio y vocalizando. Si hablamos demasiado deprisa y nos comemos las palabras, provocaremos tensión en el otro. Un buen sistema para moldear la voz y conseguir que sea más sensual es ensayando con una grabadora. Intentaremos grabar un texto leído en voz alta y escucharemos la grabación varias veces, así podremos encontrar defectos y detalles que cambiar.

Saber gesticular

Los gestos son un medio básico de comunicación no verbal que muestran la disposición o no de establecer una aproximación. Una posición relajada, no cruzar las piernas ni los brazos y evitar gesticular con movimientos bruscos y secos nos ayudará a mostrar interés frente a nuestra pareja. Poco importa lo que digamos y cómo lo digamos si la gesticulación o el ademán empleado no son los adecuados.

Moverse con soltura

Caminar con la cabeza gacha o arrastrando los pies no son maneras de seducir. No olvidemos que la imagen exterior es lo primero que se ve, y es muy importante que nuestra pareja se interese, que sienta deseos de estar con nosotros. Por ello, evitaremos los extremos: no apabullaremos ni tampoco nos retraeremos.

RECUPERAR EL SEDUCTOR QUE TODOS SOMOS

La convivencia es el reto más difícil que enfrenta la pareja. Aun el amor más sublime temblaría ante la prueba de despertar sin maquillaje y no con el mejor de los alientos. Afortunadamente, en una pareja hay muchas formas diferentes de seducir, y no todas tienen que ver con arreglarse o mostrarse siempre espléndidos.

La seducción, como veíamos, también pasa por las actitudes que tengamos. Y, por suerte, todos somos capaces de seducir. De hecho, si estamos en pareja, sólo tenemos que recordar que alguna vez, cuando conocimos a quien hoy está a nuestro lado, sedujimos... y evidentemente ha dado resultados.

Es decir, todos sabemos seducir, aunque a algunos, después de años de no hacerlo, parece habérsenos olvidado. La rutina, las prisas, la llegada de los niños, han hecho que muchos de nosotros hayamos perdido esa costumbre tan saludable de hacer lo necesario para gustar al otro. Sin embargo, no todo está perdido. Para volver a seducir, sólo hace falta tener ganas de que el otro vuelva a sentir esas «mariposas en el estómago» que alguna vez le provocamos.

El primer punto a tener en cuenta es que de nada sirve que queramos mucho a nuestra pareja si no se lo demostramos. ¿Cuántos gestos de cariño e intimidad hemos tenido entre nosotros durante toda la semana? Haremos una lista de ellos. ¿Son muy pocos? Pues dedicaremos tiempo a trabajar para mejorar eso: el cariño genera cariño. No esperaremos al próximo aniversario para una cena con velas, o que la relación llegue a un momento de crisis para confesar nuestro amor. Actuar ya nos garantizará mejores resultados.

LA OPINIÓN DEL EXPERTO

«Si queremos seducir al otro, no es necesario que día a día hagamos un esfuerzo por agradarle. Recordemos que esfuerzo implica forzar, y que, en consecuencia, todo lo que hagamos puede resultarle forzado y poco natural. Es mejor mostrarnos comprensivos y apoyarle cuando lo necesite. Eso es algo que nos agradecerá por la ayuda que supone.»

Íñigo Vázquez
Asesor filosófico y familiar

El cortejo y la coquetería son facetas que no deben morir en el trato cotidiano de la pareja. Un hombre que nunca halague a su mujer no puede pretender que ella se sienta hermosa o quiera estarlo para que él la admire. Y un hombre que no se sienta valorado probablemente perderá el interés por mostrarse de una manera más seductora.

Para que la relación funcione no debemos mostrarnos siempre como los más divertidos, ocurrentes y vitales. Simplemente basta con saber comunicar nuestros sentimientos, porque incluso cuando no estamos en nuestro mejor momento, podemos seducir a nuestra pareja. Otra actitud que no debemos tomar es la de jugar a darle celos; en lugar de seducir, podemos provocar una crisis de pareja.

LOS COLORES DE LA SEDUCCIÓN

Lo visual tiene un papel fundamental, por eso los colores que elijamos pueden incrementar o no la atracción hacia el otro. La percepción de los colores es una forma de comunicarnos que entendemos todos, una forma de lenguaje no verbal que es universal. Cada color transmite sensaciones y un significado diferente que puede ser utilizado. Si nos hemos olvidado un poco de qué nos hacía sentir cada color en el juego de seducción, podemos comenzar a experimentar a partir de algunas claves, como por ejemplo:

▶ La gama de los beige y los marrones son colores muy serios y estables, por lo cual no son los indicados si lo que buscamos es seducir a nuestra pareja. Los evitaremos especialmente en prendas íntimas, como pijamas o camisones.

▶ Los tonos azules inspiran paz, tranquilidad y sensibilidad. Se prestan para una seducción reposada y tranquila, así que son aptos para una velada romántica en casa.

▶ Los colores brillantes, como el fucsia, el rojo, los amarillos y los violetas, son estimulantes para la seducción. El amarillo transmite ligereza, libertad y cambio. Podemos jugar con ellos en nuestra ropa interior.

▶ El rojo, en particular, simboliza el fuego y el deseo. Provoca sensaciones estimulantes. Ideal si queremos una noche de pasión.

▶ El violeta (que mezcla el rojo y el azul) logra la fusión de los extremos pasión y tranquilidad, genera sensaciones óptimas para seducir con equilibrio. Es, entonces, otro color ideal para una velada íntima y relajada.

▶ El negro ocupa un lugar destacado. Es enigmático y evoca los deseos más ocultos del inconsciente, a diferencia del blanco, que tiene que ver con lo puro y lo inocente. La ropa interior negra desata las fantasías ocultas de hombres y mujeres.

RECUPERAR EL ROMANCE

Decíamos que todos podemos recuperar el seductor que tenemos dentro. Pero ¿cómo se hace? Cuando se tiene una pareja estable, los mecanismos de seducción no son exactamente los mismos que utilizaríamos con una persona a la que nos acaban de presentar. El hecho de conocerse el uno al otro puede ser un impedimento para desplegar ciertas armas, pero también nos ayudará a hacer exactamente lo correcto, lo que sabemos que a la otra persona le va a gustar. Por ejemplo:

▶ **Cambiar de hábitos.** Es decir, hacer, al menos por un día, todo aquello que normalmente recae sobre el otro. Por ejemplo, ofrecernos a realizar las tareas de la casa que en general le tocan a nuestra pareja puede ser un buen cambio de perspectiva y, al mismo tiempo, un gesto romántico.

▶ **Un pequeño esfuerzo.** Si hay alguna actividad que a nosotros no nos gusta mucho, y que nuestra pareja siempre relega para no «obligarnos», podemos hacer por un día el intento y acompañarle.

▶ **Un CD personalizado.** Un gesto simple, pero no por eso menos efectivo, es grabar una cinta o un CD con canciones románticas, o que sean importantes para la pareja. También puede ser una selección de temas de grupos que le gusten.

▶ **Un recorrido romántico.** En la vida de pareja, los lugares por los que hemos pasado comienzan a formar parte de la historia en común. Organizar un recorrido por los sitios especiales de la ciudad puede ser un acto de amor. Por ejemplo, podemos visitar el lugar donde nos dimos el primer beso, el restaurante donde tuvimos la primera cena, etc.

▶ **Un día de mimos.** Consiste en dedicar doce o veinticuatro horas a darle mucho afecto a nuestra pareja. Comenzaremos por prepararle el desayuno con las delicatessen que más le gusten, y llevárselo a la cama. Podemos seguir con un baño de espuma, o lo que la imaginación dicte. Si es amante de la naturaleza, podemos organizar un pic-nic, etc.

El romance, por supuesto, no está relacionado solamente con gestos cariñosos. También puede ser un aliado a la hora de mantener encendida la llama del amor. No se trata simplemente de dar vueltas tirando pétalos de rosa o de llenar la habitación de velas y sahumerios. Pero siguiendo algunos simples consejos lograremos un ambiente mucho más apto para el romanticismo y el reencuentro con nuestra pareja. El romanticismo, entonces, será nuestra arma para lograr que la pasión se reavive en nuestra pareja. Para conseguirlo podemos seguir algunos trucos:

▸ Eliminar las distracciones. La regla número uno es decirle adiós a la tele. Sí, ya sabemos: «Si saco la tele, se va a dormir a la sala», pero conceptual y visualmente el aparato de televisión es la antítesis del romance. En cambio, un buen equipo de sonido y la música adecuada harán bien su trabajo.

▸ Como regla general, se deben dejar fuera del dormitorio trabajo, ordenadores y cualquier otra cosa que distraiga de las verdaderas funciones del dormitorio: sueño, relajación y amor.

▸ Luces y velas: con o sin olor, convierten cualquier espacio en un entorno acogedor e íntimo, propicio a la confidencia, al intimismo, al encuentro. Una luz cálida y suave da un ambiente tranquilizador. Usaremos todo lo que podamos la luz indirecta, y evitaremos la que cae directamente sobre las cabezas.

▸ Prendas eróticas: la lencería fina es extremadamente eficaz a la hora de despertar los sentidos: tanto la vista como el tacto. Este tipo de prendas son suaves a la piel y al contacto, además de muy sugerentes. ¿No es ésa la intención?

▸ Una buena cama es lo mejor. El dormitorio romántico ideal necesita una cama de buena calidad y los accesorios adecuados. Se necesita el mejor colchón posible, las mejores almohadas y el mejor somier. Si el presupuesto no da en estos momentos para cambiar la cama y el colchón, al menos pondremos unos buenos almohadones blandos y mullidos (de plumas sería lo ideal).

▸ Sábanas suaves: la ropa de cama suave al tacto y de colores cálidos servirá para que ambos podamos deslizarnos libremente y dejarnos llevar en una cama cómoda, suave y sin impedimentos.

▸ Olores agradables: los aromas suaves de rosas o lavanda intensifican las sensaciones de placer. Pero no abusemos de ellos, es preferible usar perfumes suaves que no apaguen nuestro propio olor corporal.

▸ Los pequeños detalles son los que pueden hacer la diferencia en una relación, así que asegurémonos de no olvidar esos pequeños «toques» en el dormitorio. Bombones, champaña, fresas, una lectura romántica, son parte de la canasta básica del romance. Las flores también son bien venidas, y pequeños floreros distribuidos en la habitación la llenarán de una fragancia fresca y natural, y de colores atrayentes.

▸ Los candelabros, si bien son parte del imaginario popular sobre lo que es «romántico», constituyen un riesgo en un dormitorio. Mejor evitarlos.

LO QUE NUNCA PODEMOS OLVIDAR

Cuando de seducir se trata, hay algunas reglas que no debemos pasar por alto. No sirve que un día pongamos «toda la carne en el asador» para que, al día siguiente, si consideramos que no funcionó, volvamos a nuestro habitual ritmo donde la seducción está ausente. Seducir es una tarea diaria, que no se basa solamente en ponernos guapos un día y decir cosas bonitas al oído. En una pareja es necesario estar en algunos «detalles» que son los que, en definitiva, nos permitirán conquistar día a día a nuestra pareja.

1. Tener atenciones. Por supuesto, han de ser sinceras y espontáneas; deben demostrar que hemos pensado en el otro, que lo tenemos en cuenta.

2. Sorprender. Un billete sorpresa, regalos o detalles del día a día, como regalar flores. Por supuesto, no es algo que debamos hacer todos los días (pues perdería la magia), aunque tampoco limitarnos a fechas especiales. Sólo sorprenderemos cuando sepamos «elegir» un día cualquiera.

3. Escuchar con atención, comprendiendo la importancia que la pareja le dé a los asuntos.

4. Tomar nota siempre de las cosas que no le gustan y de las cosas que le gustan, para tener detalles que sepa apreciar.

5. Valorar los méritos y señalarlos. Es una demostración de admiración hacia la otra persona, y además será de ayuda para fortalecer la autoestima.

6. Respetar su territorio y hacer que se respete el propio.

7. Hacerle reír, demostrar sentido del humor y ganas de disfrutar de buenos momentos.

8. Ponerse elegante o mimoso siempre y cuando las circunstancias sean apropiadas.

9. No exigir en momentos que no son oportunos.

10. Ser comprensivo cuando el otro comete algún error, en el sentido de dejar pasar las cosas y no ensañarse.

11. Nunca dejar pasar sin dialogar, algo que adquiere importancia para uno y que pueda quedar guardado sin resolver.

12. Hacer lo posible para que las cosas del otro nos enamoren. Y hacer lo posible para enamorar al otro.

SABER SER IMAGINATIVO

En el arte de seducir a la pareja no hay reglas preestablecidas. Aunque podemos dar algunos consejos básicos, lo cierto es que uno de los aspectos que más debemos cuidar en nuestra relación es, justamente, conocer al otro, preocuparnos por saber qué es lo que le gusta y lo que no, lo que le pone feliz o lo que le angustia. La seducción, en ese caso, pasa también por saber detectar esos pequeños detalles que, si sabemos manejarlos con sutileza, nos pueden convertir en la persona más seductora del mundo.

Aquí, entonces, entra en juego la imaginación. Si sabemos que a nuestra pareja no le gustan los programas demasiado establecidos, no será buena idea sorprenderla con toda una jornada de actividades programadas, aunque esas actividades sean, objetivamente, románticas. En ese caso, la improvisación será un recurso mucho más útil para seducir.

Por otro lado, es cierto que, después de muchos años de convivencia, la mayoría de los recursos parecen gastados. A veces tenemos la sensación de estar repitiéndonos constantemente, aun cuando estamos intentando sorprender al otro. Cuando vamos a cenar «por sorpresa» por enésima vez, la seducción y el romanticismo quedan completamente de lado, para dejarle paso a algo que podríamos denominar la rutina de las sorpresas.

Es por eso que la imaginación tiene que ser un ejercicio a practicar. Salirse de los esquemas y, sobre todo, ser muy personal son las únicas reglas a seguir. Si nos apartamos un poco de los modelos preestablecidos y comenzamos a pensar con qué nos gustaría que nos sorprendieran, podremos conseguir resultados verdaderamente interesantes.

Pero la imaginación es un arma que también podemos —y debemos— utilizar en nuestras relaciones íntimas de pareja. Es aquí donde se juega todo nuestro potencial seductor, y depende de nuestra capacidad de inventiva que la pasión se renueve cada día. Algunas sencillas recomendaciones pueden servirnos, siempre que constatemos que nos hemos instalado en la rutina de costumbres. En esos casos resultan efectivos los métodos sutiles de seducción basados en miradas y gestos que implican complicidad y motivan el aspecto lúdico del encuentro en pareja. Por ejemplo:

▶ Comenzar la seducción fuera del lugar de la casa en el que habitualmente mantengamos relaciones sexuales, y en situaciones inesperadas, estimula la imaginación y la fantasía antes de hacer realidad el encuentro.

▶ A veces es necesario sembrar varias pistas que orienten a la pareja respecto al clima que se desea manifestar. Así, un «adiós» y un «hola» sensual y prometedor en el momento de despedirse y volverse a ver después del trabajo plantan la semilla de la pasión.

▶ Utilicemos el recurso de los aromas. Un acercamiento a tiempo puede motivar más que una palabra.

▶ Acariciar su ego con la mirada. Observar el cuerpo entero, sus hombros o sus orejas con placer puede ser también una caricia a su autoestima, algo que estimulará a la pareja.

▶ Adoptar de cuando en cuando una actitud infantil que implique juego. Bastará con un combate de almohadones, un pulso o una guerra de cosquillas. Las risas espontáneas suelen sugerir otro tipo de experiencias placenteras.

NO OLVIDARNOS DE SORPRENDER

En una relación donde la seducción está abandonada, y donde estamos intentando recuperar el terreno perdido, es absolutamente necesario sorprender al otro. La condición es, siempre, hacerlo con delicadeza, sabiendo qué terreno estamos pisando. El objetivo no es que nuestro ser amado quede tan descolocado o desconcertado, que acabe preguntándonos (o preguntándose) qué nos está pasando.

Desgraciadamente, no existe ninguna receta que sirva para todos. Todo dependerá de las relaciones que mantengamos con nuestra pareja, del temperamento de cada uno, para encontrar, si así lo deseamos, el condimento adecuado que le devuelva el sabor a nuestra pareja en la vida cotidiana.

Pero debemos insistir en algo: lo importante es, en todo momento, querer hacer lo que estamos haciendo, es decir, tener interés real de seducir, porque todavía apostamos por la pareja.

Una cosa está clara, y es que, en la seducción, no sirve de nada sentarnos de brazos cruzados esperando que el otro haga algo. La reacción es importante y debemos hacerlo a tiempo. Si sentimos que la pareja no marcha exactamente sobre ruedas, debemos hacer lo necesario por revertir la situación.

Y si nos proponemos seducir, el factor sorpresa no puede ser desestimado. Muchas veces, demostrar la simple intención de gustar al otro, después de meses de apatía, puede ser muy bien recibida. Y si, además, nos esmeramos en hacer algo que realmente no espere, mucho mejor.

04

EL MUNDO DE LA PAREJA

¿HOGAR, DULCE HOGAR?

La palabra hogar evoca una sensación de bienestar y placidez propia de la morada donde, se supone, podemos gozar del inagotable afecto y calor humano de nuestros seres queridos. El hogar debe ser, al menos en teoría, un espacio donde compartir la vida con quien amamos. Pero lograr una casa donde sentirnos cómodos, a gusto y, sobre todo, en armonía con quien la compartimos, es también un trabajo diario.

Hay dos tipos de hogar poco deseables: aquel en que todo es un completo caos permanente, como si hubiera pasado un tornado diez minutos antes, y el que parece sacado de una revista de decoración, donde todo luce como nuevo y la organización es perfecta. En el primero, parece que quienes allí viven no tienen el menor interés por construir un hogar agradable; en el segundo caso, el afán por tener todo siempre en orden puede provocar que parezca que allí no vive nadie.

Las casas deben ser lo suficientemente aseadas para ser higiénicas, pero lo suficientemente desbaratadas para que sean amables. Es, no lo olvidemos, donde se desarrolla el mundo de la pareja, donde compartimos nuestras alegrías y tristezas, donde transcurre nuestra cotidianidad juntos.

Por ello, debemos cuidar de nuestro hogar como si fuera nuestro cuerpo. La decoración, la limpieza, la distribución de los espacios, el confort que nos permita desarrollar nuestro tiempo de ocio en casa o, si es necesario, nuestro trabajo, todo debe estar pensado y decidido entre ambos integrantes de la pareja.

LA CASA:
¿DÓNDE Y CÓMO VIVIMOS?

Sin duda una de las decisiones más importantes que debe tomar la pareja es dónde van a vivir. Muchos toman como solución transitoria mudarse al piso de uno de ellos, para probar la convivencia, y una vez que la decisión de seguir juntos está tomada comienzan a pensar en la posibilidad de alquilar o comprar una vivienda. En todos estos planteamientos se involucran cuestiones económicas, pues se debe estudiar el presupuesto conjunto y la capacidad de ahorro.

Si decidimos comprar casa o piso, debemos tomar en cuenta lo siguiente:

1. Zona. Para la elección, es importante plantearnos dónde nos vemos en el futuro. La forma de hacer esto es preguntarnos: ¿aquí quiero que vivan y crezcan mis hijos? Además, es conveniente analizar tiempos de traslado a escuelas, trabajos, supermercados, principales vías de tránsito, etc.

2. Espacios. Es fundamental conversar con tiempo cuánta familia pensamos tener y, en base a esto, prever que existan los espacios suficientes. Si nuestra decisión es no tener familia aún, podemos empezar por un inmueble más pequeño y después mudarnos a uno más grande.

3. ¿Nueva o usada? En el caso que decidamos comprar, debemos tener en cuenta que los inmuebles nuevos tienen la ventaja de que no hay que invertir mucho de entrada en reparaciones y remodelaciones, pero pueden ser más caros. Si no se tiene el presupuesto para esto, quizá convenga comprar un inmueble con algunos añitos de uso que nos permita poco a poco ir arreglándolo de acuerdo a nuestros gustos y necesidades.

4. Tipo de construcción y decorado. Recordemos que va a ser nuestro hogar. ¿Realmente el tipo de acabado que tiene la casa es el que nos satisface?

LA DECORACIÓN Y LOS ESPACIOS

Antes de emprender la decoración de una casa, por muy sencilla que la queramos, debemos definir en pareja qué concepto de decoración pretendemos. Es un proceso que implica muchas elecciones, pruebas y decisiones, por ello es importante que todo lo que hagamos nos satisfaga a ambos. No olvidemos que somos dos los que compartiremos el mismo espacio durante años y, por tanto, éste debe adaptarse al gusto y estilo de vida de ambos.

Algunas pautas que podemos seguir son:

▸ **Considerar nuestro estilo de vida.** De cómo decoremos nuestro hogar dependerá que éste sea funcional y acogedor. Definitivamente, el espacio en el que viviremos deberá reflejar el estilo propio y la personalidad de la pareja, manteniendo siempre la idea de practicidad, comodidad, estética y facilidad de mantenimiento.

▸ **Considerar los posibles cambios.** Con el paso de los años, las actividades y las necesidades de cada uno cambiarán. Así que lo mejor es anticiparnos, ya que después va a ser más difícil reconstruir todo.

▸ **Analizar el espacio.** Antes de comenzar a comprar o mandar a hacer muebles, a pintar o a escoger los demás elementos decorativos, debemos conocer perfectamente el espacio con que contamos.

Así, evitaremos hacer elecciones erróneas de tamaños y colores. Por ejemplo, no estaría bien invertir gran parte del presupuesto en el sofá de nuestros sueños que ni doblándolo en cinco va a entrar en la sala.

▸ **Casa construida... o por construir.** Si la casa en la que habitaremos ya está construida, nos limitaremos por los espacios y elementos de diseño existentes. Aunque, si contamos con un mayor presupuesto, podemos contratar un arquitecto que nos ayude a tirar paredes o a levantar nuevas. En cambio, si podemos mandar construir nuestra propia casa, tendremos más libertad. Así, no debemos dejar los planes de decoración hasta el final, pues, de repente, es probable que nos quedemos sin presupuesto para alfombrar, pintar o comprar muebles.

▸ **Crear personalidad.** Nuestra casa debe tener una personalidad propia, un carácter. Para lograr eso lo ideal es usar formas simples en los muebles y los accesorios del diseño interior. Por ejemplo, si mezclamos formas orgánicas con líneas curvas lograremos una sensación de suavidad y de movimiento lento, ideal para un ambiente de descanso. El uso general de rectángulos y líneas rectas se presta para una atmósfera más serena. Finalmente, formas triangulares con líneas diagonales transmiten dinamismo y actividad. En realidad, si mantenemos formas simples podremos combinar todo tipo de muebles, siempre que éstos se complementen entre sí. Inclusive, actuar así nos permitirá mezclar piezas que teníamos antes con las que aporte nuestra pareja o compremos.

▸ **La mezcla de estilos.** Definitivamente, el mezclar objetos diferentes, nuevos con antiguos, colores y estampados, permite alcanzar un estilo propio, particular y único. Además, nos dará la posibilidad de ir adquiriendo artículos poco a poco, sin necesidad de comprar un juego completo de, por ejemplo, sala en lugar de ir comprando un sofá especial, mezclado con una butaca del siglo pasado, etc. Así, el decorar se convierte en un proceso de constante evolución y de creatividad personal.

▸ **La paciencia, buena consejera.** Una casa no se arma de la noche a la mañana, excepto que contemos con una buena cantidad de dinero para comprar todo junto. Por eso, es importante no desesperar a la hora decorar nuestro hogar. Es preferible sacrificarnos por un tiempo sin algún artículo para poder finalmente comprar el que realmente nos gusta, en lugar de adquirir algo de una calidad inferior y con el que realmente nunca estaremos conformes. Si no tenemos mesas de centro, si nos falta algún tapete, cortinas, etc., siempre se puede reemplazar durante un tiempo por cajas o papeles.

LAS DECISIONES, SIN TERCEROS

Nuestro hogar va a ser habitado por, en principio, dos personas. Por ello, es importante evitar la intromisión de las familias a la hora de decidir compras o definir necesidades. Un buen consejo es no aceptar la participación y sugerencias de suegros, padres, hermanos, etc. Por supuesto, la negativa debe ser lo más educada posible y, sobre todo, consensuada con nuestra pareja. Es muy embarazoso recibir de algún familiar político un cuadro horrible o una lámpara que no va con nuestro estilo de decoración y que, si no la utilizamos, además estaremos hiriendo susceptibilidades. Por ello es mejor que desde el principio comentemos esto con la pareja, hablemos con las familias y les informemos de nuestros planes. Así, seremos finalmente nosotros quienes decoremos con nuestro gusto y estilo.

BUENOS Y MALOS HÁBITOS

El hogar, así como puede ser un punto de encuentro con uno mismo y con la pareja, también puede convertirse en un campo de batalla donde cada uno intenta imponer una serie de costumbres que, probablemente, traiga desde su vida de soltero. Para vivir en pareja hay que hacer, entonces, algunas concesiones y, también, tener un sentido muy desarrollado de la organización para sortear la mayoría de las trampas que nos presenta la vida cotidiana desde la mañana hasta que nos vamos a dormir.

Cómo nos gustaría conseguir un pequeño cambio en esa odiosa costumbre que tiene, cuando, por ejemplo, llega a casa y va repartiendo a diestra y siniestra las distintas prendas de su vestuario por los sitios más insospechados: los zapatos al lado del sofá, la chaqueta en una silla del comedor, el jersey en el cuarto de los niños...

Seguramente, hay costumbres que, para algunos, no son tan terribles, y que para otros son el fin del mundo. Con nuestra pareja, además, solemos tener una cierta facilidad para perder los papeles. La vida cotidiana está plagada de momentos de alta tensión, pequeños roces y discusiones provocados por costumbres del otro que nos sacan de nuestras casillas, pero que tenemos que aprender a aceptar: voluntad, inteligencia, compromiso y sentido del humor son buenas armas para ello.

Es evidente que hombre y mujer son distintos. Lo ideal para una pareja sería que se pudiesen complementar y fuesen capaces de ver la vida en la misma dirección. Pero el día a día acorta mucho las miras de larga distancia, y es en las distancias cortas donde suelen surgir las complicaciones.

Existen momentos de falta de comunicación. Llegamos a pensar que quizá no hablemos el mismo idioma. Por ejemplo, ¿dónde está el marido ideal que avisa siempre de que llegará tarde a comer? ¿Y el que avisa con tiempo de que aparecerá con tres amigos a cenar? ¿O la mujer supereficaz que nunca se olvida de coser el botón?

Seguramente, todos alguna vez hemos sido protagonistas de escenas en las que pretendíamos que nuestros deseos fueran adivinados y..., lamentablemente, nos dábamos cuenta de que nuestra pareja no es mago. Una mala costumbre, justamente, es pretender que nuestra pareja nos lea la mente.

Hay tres escenarios típicos en los que se producen las tempestades: el dormitorio, la cocina y el cuarto de baño. Uno no soporta el desorden del otro, que, por ejemplo, al sacar un jersey del armario, se lleva por delante el primoroso montón que uno había estado doblando meticulosamente... Y el otro no logra comprender por qué su pareja no se entera de que hay que hacer la cama también los domingos y fiestas de guardar.

El cuarto de baño genera un sinfín de conflictos. Dejando de lado el escabroso tema de «la tapa del retrete», ella no puede soportar que siempre se olvide de cerrar la pasta de dientes y, además, apriete el tubo por la parte que no debe... O que le coja su cepillo de pelo favorito y lo deje lleno de pelos. Él, en cambio, está harto de no encontrar sitio para guardar su crema de afeitar porque ella lo tiene todo ocupado. ¿Y qué decir de la cocina? Ella se echa a temblar cuando él decide preparar la cena. Sabe que cenará bien, pero también sabe el fregado que le espera.

Pero vayamos por partes, y analicemos cada situación de forma pormenorizada y paso a paso.

1. El cuarto de baño. Desgraciadamente, son pocas las parejas que tienen la suerte de vivir en un piso con dos cuartos de baño. Afirmar que las mujeres pasan más tiempo allí arreglándose que los hombres es, hoy día, casi una leyenda. Es muy raro que las mujeres que trabajan fuera de casa puedan ocupar el cuarto de baño durante largo tiempo, mientras que los hombres cuidan cada vez más su aspecto físico y, por tanto, pasan más tiempo untándose cremas o poniéndose lociones.

El momento del aseo puede ser una de las primeras trampas que nos depare el día en nuestra convivencia. El «date prisa en salir que voy a llegar tarde» no suele causar más efecto que un encogerse de hombros y, por otro lado, abrirse paso a codazos no es la solución más diplomática.

Es, entonces, indispensable encontrar una solución para aprovechar lo mejor posible ese momento del día. Con un poco de buena voluntad, ellas podrían terminar de maquillarse en otra habitación, y ellos, afeitarse (en caso de utilizar una afeitadora eléctrica) en otro sitio fuera del cuarto de baño. Sólo es necesario instalar un espejo en un lugar con mucha luz en el dormitorio, por ejemplo.

2. El orden. Es evidente que para vestirse hay que encontrar la ropa, pero esto no es algo que todo el mundo tenga en cuenta. Las peleas por el sitio de cada uno en el armario son un clásico de las parejas. Un consejo sencillo es que cada uno tenga su propia repisa o armario para guardar sus cosas. Por un lado, porque, por ejemplo, no nos pondremos nerviosos por la mañana buscando nuestros calcetines entre los suyos. Además, porque es probable que los dos no tengamos el mismo sentido del orden. Pero ¿qué podemos hacer si a nosotros nos gusta ver los objetos impecablemente ordenados, mientras que al otro no le importa nada? Algunas opciones son:

▸ Negarnos a ir detrás de él para sistemáticamente poner las cosas en su sitio y esperar a que se canse de ver sus cosas tiradas por todas partes. Puede llevar mucho tiempo y es probable que tiremos la toalla rápidamente, porque al otro siempre le parecerá natural que lo hagamos y porque es a nosotros a quien molesta...

▸ Resignarnos y ordenar continuamente. Hacerlo a diario con una sonrisa, sin ponernos nerviosos, exige buena voluntad y, por supuesto, optimismo. Sin embargo, no es muy fácil de sostener tanta amabilidad durante demasiado tiempo.

▸ No tocar nada en espera de que amigos y familiares lleguen a casa sin avisar... y esperar que a él le dé algún sentimiento de culpabilidad. El problema es que es probable que solamente recoja lo más visible, o que traslade el desorden a otro cuarto.

Si optamos por la solución que consiste en protestar cada vez que el otro deja sus zapatos o la revista tirada por ahí, seguramente nos cansaremos en vano y, lo que es peor, estaremos todo el día de mal humor. Puede que el otro se esfuerce durante unos días en mantener cierto orden, pero si es un rasgo de su personalidad, resurgirá en un abrir y cerrar de ojos. Es muy difícil darse cuenta de este problema antes de vivir juntos pero, desgraciadamente, no existe ningún remedio más que resignarnos y dejar de intentar cambiarlo.

3. Lo siento, no tengo hambre... Cuando ambos miembros de la pareja trabajan, la hora de la cena suele ser el momento en que, después de unas diez horas sin verse, vuelven a compartir el hogar. Pero, lamentablemente, no todos llegan al hogar con el mismo grado de cansancio. Pongamos como ejemplo esta situación: ella sale de trabajar media hora antes de que cierren los supermercados. Termina su labor a toda prisa, sale de la oficina sin siquiera saludar a sus compañeros y, antes de que cierren los comercios, logra comprar los ingredientes para la cena. Hubiera preferido ir a casa directamente, sentarse en su butaca y descansar, pero bueno... A veces, envidiamos a los solteros, o al menos quisiéramos una pareja que pudiera pasar de la cena. Sin embargo, hemos decidido vivir en pareja. Él llega a casa. Está extenuado igual que ella y es entonces cuando se le ocurre decir la frase desafortunada: «Espero que no hayas preparado gran cosa para cenar, hoy no tengo hambre.» Los pensamientos de ella, seguramente, no serán los más amistosos. Claro que decirlo para sí mismo no es igual a reprochárselo. Tomaremos la situación con filosofía y pensaremos en la parte positiva: esa noche no habrá que fregar los platos, y al menos mañana no tendremos que correr para preparar la cena. Evitaremos los sermones y los regaños: es completamente inútil y nos arriesgamos a arruinar la noche por una tontería.

4. El drama del mando a distancia. Otra de las batallas típicas de toda pareja que se precie. Por lo general es patrimonio del hombre, que lo controla férreamente como si fuera su particular «cetro». Mientras tanto, la mujer se resigna a ver en una sola noche y a la vez un partido de fútbol, otro de baloncesto, una película —que le encantaría ver entera— y una serie de televisión.

¿Cómo llegar a un acuerdo? Si no hay ningún programa en el que los dos estemos de acuerdo, alguno de los dos tendrá que ceder. A cada uno su turno: si consultamos la programación de la semana veremos que hay algún programa que sólo uno de los dos quiere ver. Podemos aceptar esa noche ver una emisión que no nos guste para que el otro acepte ver otro día un programa que nos guste a nosotros. No es justo que siempre sea la misma persona la que se doblegue a los deseos del otro. Otras soluciones son:

▸ Dejarle ver lo que desea y aprovechar el tiempo para leer, escribir ese e-mail que hace tanto postergamos, llamar a los amigos. En el fondo, le estaremos agradecidos por disponer de ese tiempo para hacer otras cosas.

▸ Proponer directamente apagar el televisor y buscar una ocupación común.

▸ Prever el programa que sabemos nos va a dividir y proponerle ir a cenar o al cine.

En cualquier caso no es aconsejable irnos a dormir dejando al otro solo delante del televisor. Esta especie de semiausencia por ambas partes puede dar la sensación de que pasamos las veladas en solitario, y tener ganas de pasarlas en otra parte.

5. Perder (o no) los papeles. En este caso, hablamos de los papeles reales, los que tienen que ver con los asuntos administrativos de la pareja y que, si se extravían, nos pueden realmente hacer perder los papeles. ¿Quién se ocupa en casa de estos asuntos tan poco románticos? En muchos casos es el hombre quien lleva las cuestiones de contaduría. Pero el hecho de que sea sólo uno de los miembros el que se encargue de estos temas, y que el otro no ponga ningún interés, no es lo más recomendable. Por ejemplo, si nos negamos a asumir esas preocupaciones, cuando nos reprochen ciertos gastos excesivos, ¿cómo vamos a dar explicaciones si no tenemos acceso a la contabilidad? El «yo consumo, tú pagas» no es la fórmula más adecuada para una pareja. Además de poner en práctica el consejo que mencionábamos antes, de tener tres cuentas (una de cada uno, más una en común), es importante que ambos se ocupen de las responsabilidades compartidas.

6. Como perros y gatos. El problema de los animales en el hogar de la pareja tiene dos vertientes: una, que alguno de los integrantes de la pareja tenga una mascota antes de ir a vivir juntos, y la incluya en el nuevo hogar. La otra tiene que ver con la decisión conjunta de adoptar un animalito, y todas las riñas que puede desencadenar. Veamos cada caso.

Supongamos que tenemos un pastor grande y juguetón. En nuestra vida de solteros, es probable que el perro se haya acostumbrado a dormir con nosotros, por ejemplo. ¿Por qué nuestra pareja tendría que acostumbrarse? Una opción es que, si nuestra pareja no es tan amante de los animales como nosotros, comencemos la adaptación desde antes de vivir juntos. Es probable que le coja tanto cariño como nosotros y que, incluso, también se dedique a cuidarlo. También podemos intentar una reeducación del animal, como acostumbrarlo a que no entre al dormitorio. En cualquier caso, es importante no imponer la mascota a la pareja, y hacer todo lo posible para evitar enfrentamientos. La mascota es una responsabilidad que hemos asumido antes de la vida en pareja, y no podemos delegarla en los demás.

Si la mascota en cuestión es una decisión de ambos, los problemas pueden ser otros. El primero será qué mascota adoptar. Si uno quiere un gato y el otro un perro, ¿cómo nos decidimos? Es importante analizar las posibilidades de espacio del hogar y el tiempo de que dispone la pareja para cuidarlo. Por ejemplo, si ambos están todo el día fuera de la casa, un perro puede no ser una buena opción, y sí un gato. Si, por el contrario, nos gusta hacer salidas al aire libre, y uno de los dos pasa tiempo en casa, podemos decantarnos por un perro.

De cualquier forma, es importante que ambos se ocupen y no deleguen en el otro todos los cuidados, para evitar llevarnos... como perros y gatos.

UNA SANA COSTUMBRE

Un día típico de trabajo nos hace querer volver a casa, entrar al hogar donde nos esperan las personas que nos aman y tratan de comprendernos. El hogar es nuestro pequeño cielo de paz en un ruidoso y frenético mundo. Pero es probable que al llegar al hogar encontremos... ¡peleas! ¿Por qué es que a los pocos minutos de entrar en casa surgen las discusiones de la pareja? Malos entendidos, respuestas coléricas, tensión y rechazo, no es lo que queremos encontrar al volver a nuestro hogar.

Esos primeros minutos están llenos de material potencialmente explosivo, proveniente de las anteriores horas del día:

▸ Estrés y frustraciones del trabajo.

▸ El tráfico pesado y la lentitud del transporte público.

▸ Los problemas y tensiones de la pareja que se queda en casa.

▸ Trabajos urgentes que deben realizarse en la casa.

▸ Las esperanzas irreales de encontrar un hábitat silencioso, calmado y bien ordenado.

▸ Cuentas por pagar encontradas al llegar.

▸ Tener que preparar la comida.

▸ Cambios de planes de último minuto.

▸ Recordar que olvidamos llamar para avisar que llegaríamos con cierta demora.

▸ Fatiga.

La lista sigue y sigue. Hay mucho que enfrentar y no existe el fundamento ideal sobre el cual edificar relaciones importantes. Así que, ¿por qué no tomar cinco —sólo cinco— minutos para poder dar el 110 por ciento de nosotros que el otro espera?

Tomemos cinco minutos para «reingresar al hogar»:

▸ Reenfoquemos los pensamientos en el hogar y la pareja, olvidándonos del trabajo.

▸ Recordemos quién nos ama y a quién amamos.

▸ Pensemos positivamente.

▸ Planeemos el encuentro con nuestra pareja.

Si podemos, tomemos cinco minutos antes de entrar activamente al hogar al final de un día típico de trabajo. No permitamos que las circunstancias dañen nuestra más preciada relación, tratemos de controlar las circunstancias que podamos. Quizá queramos ponernos ropa cómoda, tomar una ducha, darnos unos minutos de soledad, descolgar el teléfono.

Lo que todos queremos es evitar decir o hacer algo de lo que nos arrepintamos después. Y a menos que estemos preparados para las frecuentes demandas y las reacciones de nuestra pareja, es muy probable que reaccionemos o hablemos de forma poco adecuada o correcta.

Recargados y relajados, los integrantes de la pareja están mejor preparados para tener un tiempo de calidad juntos. Así que tomemos cinco minutos antes de reingresar en nuestro hogar.

SABER DISTRIBUIR NUESTROS QUEHACERES Y OBLIGACIONES

En las parejas actuales, es casi imposible pensar en una mujer que renuncie por completo a la posibilidad de trabajar, aun cuando tenga hijos. Estamos acostumbrados a parejas en las que ambos integrantes trabajan y, por tanto, aportan económicamente en el hogar, además de satisfacer sus objetivos profesionales. Pero, si los dos pasan todo el día fuera..., ¿quién se ocupa de la casa?

Ellos normalmente animan a su mujer a encontrar un trabajo, especialmente en el caso de las profesionales. Por un lado, ya no quieren cargar solos con la responsabilidad del bienestar material de la pareja y, por el otro, comprenden que su pareja también tiene intereses y necesidades fuera de casa. Sin embargo, así como se comparten los gastos del hogar, deberían compartirse las tareas. Llegamos al punto conflictivo: ¿cómo nos dividimos los quehaceres?

Aún hoy, son muchísimas las mujeres que se quejan de que, en gran parte, son ellas quienes han de pensar, qué se necesita comprar, llevar a los niños al médico, etc. Los hombres no se implican en la misma medida; a menudo dicen: «Quiero ayudarte, pero dime qué debo hacer.»

Consecuencia: la fatiga extrema de esas mujeres que tienen un trabajo estresante, que tienen que viajar y, además, han de asumir las responsabilidades familiares. Esta fatiga omnipresente es fuente de tensiones y frustraciones en las parejas. Poco a poco, esto conduce a que llevemos vidas paralelas, y al final observaremos que la intimidad de la pareja poco a poco se va diluyendo de forma irremisible.

El mejor camino a seguir es adelantarse a detener esta carrera y preguntarse periódicamente cuáles son las prioridades: siempre es tiempo de escoger. Y reconocer que uno lleva el tipo de vida que ha elegido, en vez de decir «no tenía opción» o «eres tú quien lo ha querido».

El remedio no es que la mujer deje el trabajo externo, sino que los hombres se impliquen más en la casa y que las mujeres, por su parte, renuncien a detentar el monopolio de la organización doméstica («el lavavajillas se llena así»), para llegar a un reparto más justo de las tareas.

Sobre todo, es fundamental conversar sobre el tema, discutir de qué puede hacerse cargo cada uno, redefinir periódicamente la distribución del trabajo, según la edad de los hijos y la orientación profesional de cada uno.

Esto exige vencer algunos obstáculos, muy comunes, a la comunicación en la pareja. En ocasiones, las mujeres no expresan claramente sus necesidades, sus deseos: imaginan que los hombres han de adivinarlos («tendría que comprender»), o los expresan rezongando («ya ves que estoy agotada»). Es necesario reforzar el diálogo en la pareja, sin quejas ni recriminaciones: un verdadero diálogo que permita estar atento a las necesidades del otro y entenderlas.

LA PAREJA, LOS HIJOS Y LA CONVIVENCIA

La llegada de un bebé a la vida de pareja es, evidentemente, motivo de alegría. Pero en muchos casos los cambios que provoca son tantos y tan rápidos, que muchos padres y madres no acaban de asumirlos con la velocidad necesaria. Así es como empiezan los roces y las discusiones en la pareja. Afortunadamente, si nos planteamos las cosas con seriedad y somos capaces de equilibrar el tiempo que dedicamos a cada uno, podremos hacer que la llegada de un hijo sólo traiga felicidad.

El mayor problema al que se enfrentan las parejas es que, una vez llegado, el bebé pasa a constituirse en tema central tanto de las conversaciones de los padres, como de las de familias de cada miembro de la pareja, e incluso del círculo de amistades. Tener hijos (especialmente, el primero) es uno de los acontecimientos más señalados de nuestras vidas, pero no todo es de color de rosa. El bebé también juega un papel de intruso, en un hogar que antes giraba en torno a dos personas que se dedicaban todas las atenciones, que mantenían un protocolo de actuación que comenzaba en una y terminaba en la otra.

El hogar, antes territorio de intimidad de la pareja, pasa a ser compartido por una tercera persona. La cotidianeidad de la pareja se ve afectada. Es frecuente que la madre deje temporalmente su trabajo o reduzca su jornada laboral. Incluso, si contrata a un(a) profesional para que cuide del bebé, normalmente la madre habrá de afrontar el trabajo remunerado y el cuidado del vástago. La estructuración de los tiempos varía. Y la percepción del hombre por la mujer, también. Se pasa de marido a padre y de mujer a madre.

Planificamos minuciosamente lo que necesitará el niño, los recursos económicos y de otro tipo (tiempo, espacio en el hogar, educación) que requerirá, pero no calculamos cuestiones que, antes o después, pueden afectar al equilibrio de nuestra relación de pareja. Saldremos menos con nuestros amigos a cenar, el cine pasará de ser semanal o quincenal a muy esporádico; los momentos románticos se verán reducidos. Y la comunicación personal, las confidencias, las aficiones de cada uno, cederán el paso ante las «apremiantes» necesidades del niño. Y, si no tomamos medidas, acabaremos siendo unos excelentes padres pero unos pésimos amantes. Hemos de buscar tiempo para dedicarle a nuestra pareja.

Hay tiempo para todo. Incluso con hijos, tenemos bien cerca a una persona a la que hemos de conquistar cada día, a la que tenemos que demostrar que merece la pena el proyecto en que se ha embarcado con nosotros. Los cambios y reajustes de nuestra vida favorecen al niño, no en vano se han realizado en función de él.

De pronto, y como sin querer, nos vemos en casa de los suegros o padres cada día de fiesta, comenzamos a dejar de salir los sábados, a diseñar las vacaciones en función de los niños; a abandonar —por impracticables, no hay tiempo ni opción logística— aficiones que nos llenaban de regocijo, a ver vídeos infantiles o dibujos animados en lugar de nuestros programas favoritos de televisión...

Además, la mujer experimenta cambios físicos y psicológicos que le pueden causar ansiedad. Al unirse a ellos el cansancio y la obsesión de hacerlo todo bien y de ser una excelente madre, a pesar de que nadie le haya enseñado a serlo, puede surgir en ella una auténtica crisis emocional que el hombre debe detectar y ayudar a superar.

Ahora bien, algunos varones viven asímismo una situación delicada. Se sienten desplazados a un segundo plano, al ser el bebé y la madre quienes monopolizan el centro de atención. Incluso dentro del nuevo núcleo familiar, puede pasar a ser espectador de los mimos, cuidados y dedicación que normalmente la madre dirige al bebé y de los que hasta entonces él era destinatario exclusivo. También el hombre arrastra un cansancio adicional, pero sin que nadie se lo reconozca. Sin embargo, a él la vida se le ha modificado y precisa una reubicación.

Por ello, igual que planeamos y cuidamos la venida del bebé, hagámoslo con la nueva situación que afrontamos para que ambos podamos gozar por igual de la crianza, educación, sinsabores y placeres que aportará esa persona que se ha incorporado en nuestro hogar.

La clave está en que velemos, ambos, para que no se inmiscuya entre nosotros. La pareja debe tener su propia vida, al margen de los hijos.

En los primeros meses de vida, la dedicación y el tiempo que requieren los bebés son abrumadoramente exigentes, apenas queda tiempo para nada más. Pero de todas formas debemos evitar que se transforme en el motivo único de nuestras vidas. Debe contribuir a fortalecer los lazos de unión, cristalizados ahora en un nuevo empeño: ser padre y madre. Pero tengamos claro qué somos y quiénes somos el uno para el otro, qué queremos y hacia dónde vamos. También nosotros necesitamos atenciones.

▸ Reservemos buena parte de nuestras energías a escuchar a nuestra pareja, por mucho que el bebé reclame atenciones y tiempo, y de que casi todo gire en torno a él.

▸ Conversemos a menudo —todos los días— de cómo nos encontramos, qué sentimos, cómo ha transcurrido la jornada.

▸ Repartamos, según las preferencias y posibilidades de cada uno, las tareas que acarrea el hijo. Su presente y futuro son una responsabilidad que debemos compartir ambos.

▸ Acordemos qué y cómo hacer con nuestro hijo: compartamos, ya desde la cuna, un criterio de educación y de comportamiento a mantener en el futuro.

▸ Evitemos referirnos a «tu hijo» o «mi hijo»; es «nuestro hijo». Recordémoslo; nos evitará tensiones, celos y disgustos posteriores.

▸ Al menos una vez por semana, reservemos un tiempo para dar un paseo o ir al cine, o hacer lo que nos guste.

▶ Busquemos un momento para la caricia, el beso y el juego sexual con nuestra pareja. Las contraindicaciones tras el parto para el coito sexual no significan que otros juegos sensuales se supriman.

LOS MÍOS, LOS TUYOS Y LOS NUESTROS

Se desintegran familias y se componen otras nuevas, ahora con miembros adicionales. Uno o ambos en la pareja venimos, tal vez, de tener otras parejas. Y puede haber hijos de diferentes padres. La reacomodación de roles y funciones no es fácil, pero, respetando el tiempo de cada uno para adaptarse y poniendo límites claros desde el inicio de la convivencia, podemos lograr un hogar en armonía.

Cuando se crea una nueva familia, se van presentando conflictos y dificultades en los vínculos, que son arrastrados por cada uno de los miembros y, al formar posteriormente una nueva familia, ésta carga con las «cicatrices» de la anterior. El secreto está en dejar espacio para que cada uno, a su tiempo, se readapte al nuevo funcionamiento y el rol que debe asumir.

Un error común que cometen muchos padres es no dar tiempo a los hijos —y a sí mismos— para sanar viejas heridas, cerrar vínculos previos o superar pérdidas antes de reiniciar una nueva relación. De esta manera, se inician nuevas familias en las que los miembros no han elaborado las separaciones previas o éstas han sido tratadas inadecuadamente.

Las dificultades más comunes que enfrentan los miembros de las familias reconstituidas son:

▶ **El poder:** Identificar quiénes son los miembros reales del grupo familiar.

▶ **El espacio:** ¿Cuál es el espacio de cada cual? ¿Adónde pertenece cada uno?

> **La autoridad:** ¿Quién pone los límites, normas, disciplina?

Estas interrogantes deben ser esclarecidas al iniciar la convivencia. La pareja deberá poner límites acerca del funcionamiento del nuevo hogar, hacer contratos y concretar sus propias normas de funcionamiento. El establecimiento de normas y límites favorece la organización mental de los niños, les permite predecir, saber cómo comportarse, qué cosas están permitidas, qué es lo esperado. Los límites deben ser flexibles, considerando que se encuentran en un proceso de adaptación.

05

CÓMO SUPERAR LAS SITUACIONES COTIDIANAS

Una pareja se construye día a día. Es verdad que cada uno llega con expectativas, conocimientos e historias diferentes, y que cada cual tendrá una idea preformada de cómo debe ser una relación ideal de pareja, pero todo ello pierde importancia cuando nos enfrentamos a la cotidianidad.

No estamos hablando aquí de rutina, sino que nos referimos a algo que todos conocemos: las situaciones complejas por las que atravesamos cada día, cuya resolución, en definitiva, es la que nos define como personas individuales y también como pareja.

Desde el momento en que compartimos un techo y, en definitiva, una vida, comenzamos a pensar desde un ángulo diferente: ya no somos un individuo que decide por sí solo, sin consultar a nadie, sino que tenemos que aprender a negociar determinados aspectos que serán relevantes.

Atrás quedó el tiempo en que no había una familia política a la que caer bien, las épocas en que salíamos con nuestros amigos hasta las tantas, sin preocuparnos por si alguien nos esperaba en casa. Tenemos ante nosotros un desafío: conservar la individualidad y, al mismo tiempo, disfrutar de la pareja.

Durante el tiempo (meses, años) que pasamos con la persona que amamos, tenemos que plantarnos ante los desafíos propios de la vida. Atravesamos momentos fantásticos, pero también tiempos duros, y en todos ellos estamos junto a la pareja. Saber manejar las situaciones de todos los días nos permitirá, en definitiva, construir una pareja más sólida.

LOS ACTOS SOCIALES EN PAREJA

Está claro que la vida es muy diferente a la que llevábamos cuando éramos solteros, incluso siendo novios. Vivir con alguien implica adaptarse a ciertos cambios, y entre ellos figura el de las relaciones sociales. Es cierto que cada miembro de la pareja debe conservar su espacio y su individualidad, pero también es verdad que para acercarnos al «mundo» del otro debemos conocer su entorno, es decir, sus amigos y familia.

Así, seguramente tendremos que adaptarnos a nuevas situaciones sociales, porque si antes podíamos poner pretextos para no acompañar a nuestra pareja a algún evento, ahora eso no está dentro de las posibilidades. Es momento, entonces, de hacernos tiempo para la pareja, nuestra familia, su familia, nuestros amigos, sus amigos, pero también para nosotros. Y lo más sano es dedicarles el tiempo necesario a todos, sin tener que dejar a un lado nuestras relaciones anteriores a la conformación de la pareja actual.

Quizá estábamos acostumbrados a comer todos los sábados o domingos con nuestros padres y hermanos sin excepción alguna, o los viernes de cada quince días era la noche de jugar cartas. Sin embargo, en pareja, nuestras prioridades cambiarán. Podemos llegar a un acuerdo con la pareja y decidir si lo seguiremos haciendo o no, y la frecuencia con que lo haremos, porque ahora, además de dedicarle algún tiempo a nuestros padres, hermanos, sobrinos y amigos, también debemos darle el tiempo que se merece a nuestra nueva familia, que es la pareja.

Así que viene la parte difícil de decidir con quién pasar los días festivos importantes, como Nochebuena, Navidad o el Año Nuevo, pero esto se puede arreglar si conversamos entre los dos para decidir pasar un día con una familia y el otro con la otra, y el año que viene hacerlo al revés. Recordemos que todo es cuestión de que comuniquemos sin egoísmos ni pleitos que puedan destruir la relación.

¿Y los amigos? Quizá en el pasado, en nuestra vida de solteros, nuestros amigos eran como la familia, y los veíamos un día sí y el otro también. Pero ahora esto comienza a cambiar; no significa que cortemos relaciones, sino que sepamos utilizar el tiempo.

Para conservar a los amigos es recomendable:

▸ Comer o cenar una vez a la semana con nuestro mejor amigo/a, como lo hacíamos anteriormente.

▸ Si a nuestros amigos les gusta la vida nocturna, haremos un hueco en la agenda un día al mes o uno cada dos meses para ir con ellos. Por supuesto, lo haremos previo acuerdo con nuestra pareja, para que no haya malos entendidos.

▸ Haremos en casa una reunión o cena, por lo menos una vez al mes, con nuestros amigos.

▸ Nuestros amigos casados o en pareja por fin podrán compartir con nosotros muchas cosas iguales; podemos buscarles y salir con ellos a cenar o a bailar.

¿Y si los amigos de nuestra pareja no nos gustan? A veces pasa que, aunque nuestra pareja esté interesada en presentarnos a sus amigos, no nos sentimos a gusto, o preferimos pasar el tiempo en la intimidad. ¿Qué podemos hacer? Es normal que, si decimos lisa y llanamente «No tengo ganas de verlos» se desate toda una polémica. Siempre podemos buscar un acuerdo, pero si aceptamos una reunión con gente que no nos simpatiza, lo podemos hacer de dos maneras:

▸ Participar en la reunión a regañadientes y hacerlo, por tanto, a cara de perro. Ello implica no ocultar nuestro sentimiento de frustración, aburrimiento y ganas de regresar a casa lo más pronto posible. Es, probablemente, la peor opción: nuestro compañero nos acusará de haberle arruinado la noche, y probablemente tenga razón... Una vez que aceptamos el encuentro, lo mejor —para nosotros y para todos— es intentar no ser negativos con la situación. Debemos aprender a positivizar.

▸ Aceptar el encuentro, a pesar de la antipatía que nos causa, porque queremos hacer sentir bien a nuestro compañero. Entonces, sólo nos queda un camino: sonreír. Debemos hacer como si estuviéramos encantados con la compañía o, al menos, mostrarnos amables. Seguramente, nuestra pareja nos agradecerá por haber puesto al mal tiempo buena cara.

LOS ACTOS PRIVADOS O INTIMISTAS EN PAREJA

Pasamos toda la semana estresados, de casa al trabajo y del trabajo a casa. Rogamos porque el fin de semana llegue pronto y podamos tener veinticuaro horas con nuestra pareja sin interrupciones ni obligaciones. Pero cuando llega el momento... no sabemos qué hacer con tanto tiempo libre juntos, y la intimidad, más que un placer, se transforma en un suplicio. ¿Qué hacer para lograr que los momentos de la pareja sean realmente placenteros?

Una de las principales medidas que debemos tomar es no pretender pasar todo nuestro tiempo libre con nuestra pareja. Aunque parezca contradictorio, la mejor forma de tener momentos agradables con nuestra pareja es disfrutar nuestra propia individualidad, realizar las tareas que nos gusten y ver a gente de nuestro entorno. El objetivo es claro: cuando pasamos todo el tiempo con nuestra pareja, la monotonía se apodera de ambos, nadie tiene nada que aportar a la relación, y nos estancamos en un estar juntos que no satisface a nadie.

Por eso, es fundamental planificar nuestro tiempo libre. Es decir, asignar un tiempo a actividades que realizaremos juntos, y otro tanto a las que haremos por separado. Muchos de los problemas de pareja comienzan por la mala planificación del tiempo libre, y se da en muchos casos en parejas que están aisladas de un ambiente social, inmersas en una vida incompleta, nunca ven a nadie, no salen con amistades o se dedican única y exclusivamente al cuidado de los hijos.

Es importante estar atentos y comprender que los miembros de la pareja necesitan libertad para poder constituirse y crecer como miembro individual; si esto no ocurre es fácil encontrarnos con insatisfacciones que repercutirán directamente en la pareja con discusiones, reproches, etc.

Poniendo un poco de reorganización de nuestra parte, conseguiremos reiniciar nuestras salidas con amigos, ya sea juntos o por separado. Por supuesto, tenemos que desarrollar actividades de ocio en común, ya que este ámbito estará menos cargado emocionalmente.

Será una vía de escape que hará que los problemas cotidianos sean menos conflictivos, podremos tener puntos de vista diferentes que nos harán más llevaderos los conflictos de la casa y pareja.

Para mejorar nuestra vida en pareja, dedicaremos un tiempo a elaborar una lista de actividades que a cada uno nos gustaría hacer: cada uno la suya. De este modo ya tendremos planificadas de antemano las actividades a seguir. Estas actividades podemos realizarlas juntos o por separado. El fin de este listado es tener claro qué desea la otra persona e intentar entre los dos que todos estemos contentos.

Para recuperar la ilusión y las ganas de compartir podemos seguir unos sencillos consejos:

▸ **Realizar actividades más gratificantes para ambos.** Sólo es necesario ponernos de acuerdo en algunas y buscar hacerlas juntos.

▸ **Hacer cosas por separado.** Las parejas que pasan demasiado tiempo juntas deberían intentar hacer cosas individualmente para poder sentirse útiles y no depender de su cónyuge.

▸ **Planificar un fin de semana juntos, pero distinto.** Es decir, si cuando tenemos un tiempo de intimidad nos quedamos siempre encerrados en casa, podemos irnos a una casa de campo en las afueras, por ejemplo. O, si acostumbramos a levantarnos y huir de casa, proyectar alguna actividad, como quedarnos mirando películas juntos o leyendo en compañía.

▸ **Recuperar la relación.** Dedicaremos un tiempo a recuperar la relación y mantener al margen a familiares pesados que se pueden presentar en cualquier momento. Debemos defender nuestro territorio y nuestra intimidad.

▸ **Con o sin los niños.** El periodo en que los niños son pequeños es difícil y las actividades se reducen mucho, pero una vez que el niño crece un poco podemos retomar algunas cosas e incorporar otras nuevas que cuenten con el niño.

▸ **Relajarse.** Debemos intentar que nuestra relación no se convierta en una cárcel, con obligaciones, presiones, horarios, etc. En este sentido, podemos dedicar el tiempo de ocio a relajarnos.

▸ **No estancarse en el pasado.** Es recomendable valorar las distintas fases por las que pasa una pareja. Si estamos buscando la fase inicial de enamoramiento, cuando todo era fantástico, es probable que estemos en un error. Las parejas pasan por distintas etapas y tendremos que aceptarlo y aprender a disfrutar de cada una de ellas.

▸ **Disfrutar de la monotonía.** Reinterpretemos la situación: ¿cuántos no querrían tener todo solucionado y sin problemas?

▸ **Querer es poder.** Si existen problemas económicos, no es cuestión de bajar los brazos; muchas actividades no necesitan dinero: paseos, cenas sorpresa en casa, masajes, etc. No pongamos excusas ni busquemos trabas.

EL DIÁLOGO Y LA ATENCIÓN POR LA OTRA PERSONA

Cuando el otro sólo escucha lo que quiere y nosotros hablamos como si estuviéramos dando una conferencia, la comunicación se cierra. ¿Cómo escaparse a la falta de diálogo?

Cuando las parejas tienen dificultades para entenderse, a veces da la impresión de que uno habla en chino y el otro en inglés. Esto se nota especialmente cuando los dos hablan al mismo tiempo. De este modo, es imposible que se entiendan, porque las palabras se superponen y lo único que importa es lo que dice cada uno. No hay entendimiento ni intercambio. A medida que el tiempo pasa, la distancia entre uno y otro es cada vez mayor porque, en situaciones como ésta, es imposible llegar a establecer acuerdos o planificar algo juntos.

Hay hombres que, por ejemplo, son introvertidos por naturaleza. Vienen de una familia en la que el padre hablaba poco y, entonces, a ellos también les cuesta expresar sus pensamientos o compartir sus sentimientos. Tienen una imagen de persona huraña, antipática... Y, si la mujer que tienen a su lado es demostrativa, cariñosa o vive ansiosa por comunicar, por contar cada cosa que le pasa, los choques entre ambos serán cotidianos. Otras veces, ella o él están tan absorbidos por sus trabajos o sus respectivos estudios que, fuera de esos temas, nada de lo que les dicen les resulta interesante, y cada uno habla de lo que quiere pero el otro no escucha. Por tanto, reina la incomunicación.

Otra de las causas de la falta de diálogo que suele producirse entre un hombre y una mujer que comparten sus vidas es el miedo al rechazo. Hay personas que piensan que, si se muestran tal cual son, serán rechazadas. Están convencidas de que son tan poco valiosas o tan poco interesantes que se cierran, y así impiden que su pareja les conozca mejor.

Lo cierto es que cuando por uno u otro motivo el diálogo se interrumpe, el vínculo empieza a desgastarse, y si ninguno de los dos hace algo para recomponerlo, seguramente todo se derrumbará. Siempre hay que recordar que uno de los elementos más importantes de un lazo afectivo radica en tener la libertad de expresar los sentimientos. Poder hablar abiertamente y de un modo honesto con nuestra pareja es esencial.

Por supuesto, no hace falta esperar a que todo esté mal para intentar recomponer los pequeños fallos en la relación. Si lo que queremos es mejorar nuestra vida en pareja y concretar sueños futuros, la buena comunicación es el único camino para lograrlo.

Sugerencias para el diálogo fluido:

▸ No interrumpir todo el tiempo.

▸ Aprender a escuchar.

▸ Poder decir en medio de una discusión «te comprendo». Es una frase positiva que relaja y hace que el otro se calme.

▸ No someter al otro a un ejercicio constante para descifrar lo que se ha querido decir.

▸ Hacer propuestas concretas, saber aceptar la negativa y dar mensajes positivos pero no alejados de la realidad.

▶ Flexibilidad es un elemento muy importante que ayuda a que la comunicación sea posible.

CONSEJOS PARA LOS MOMENTOS DE ALEGRÍA Y TRISTEZA

Si seguir juntos es un preciado desafío, no está de más afinar la puntería y estar atentos. En cualquier pareja, existen momentos de alegría y de tristeza que, de una manera u otra, afectan al equilibrio emocional de la pareja o de alguno de sus integrantes.

A menudo nos resistimos a pensar que nuestras circunstancias cambiarán algún día. Cuando empezamos la relación creímos que la vida seguiría siendo siempre más o menos igual. Pero pensemos en lo mucho que ha cambiado la vida en los últimos cinco, diez o quince años. Ahora multipliquémoslo por dos, puesto que hay dos personas en la relación, y nos daremos cuenta de la importancia de afrontar los cambios provocados por situaciones conflictivas (buenas o malas) con eficacia.

Los momentos de alegría o de tristeza que atraviesa una pareja implican muchos cambios, tanto a nivel individual como de pareja. Así, los cambios pueden estar provocados por un sinfín de situaciones: por cambios en el contexto profesional de uno o de los dos (desde un ascenso con más responsabilidades hasta perder el trabajo), o en la situación económica; por pérdidas o enfermedades familiares, por cambios en el cuerpo. También puede haber cambios en el hogar, en la composición de la familia... la lista sigue.

Seguramente, nuestras emociones se verán alteradas, las prioridades se reorganizarán y todo ello provocará cambios. Puede que vivamos gratas sorpresas y súbitas alegrías, pero también dificultades y sufrimientos inesperados. Al margen de lo que suceda, sea una desgracia o una bendición, la forma en que ambos asumamos y manejemos el cambio definirá, sin ningún género de dudas, el futuro de la relación.

Una sucesión de hechos felices y no tanto como la que describimos a continuación puede suceder en cualquier pareja. Por supuesto, no tiene por qué ser en ese orden, ni exactamente con esos hechos, pero a todos nos puede pasar vernos enfrentados, en un par de años, a situaciones que provoquen cambios importantes en la pareja.

Por ejemplo, puede ocurrir, en una pareja, que él pierda a su madre y que, pocos meses después, ella quede embarazada y, lamentablemente, sufra un aborto. Entre tanto, ella logra el título del máster en que se había inscripto, pero la empresa para que la que trabaja, supongamos, decide hacer un reajuste, lo que significa una reducción del salario para los empleados. Él, a su vez, es ascendido a vicepresidente de la empresa en la que se trabaja.

Es decir, en esta pareja hipotética, cada vez que conseguían restaurar el equilibrio emocional (los cambios positivos también requieren un ajuste), se veían arrastrados por una nueva oleada de cambios que volvía a hacerles tambalear. Lo cierto es que los desafíos moldean la relación, le imprimen un nuevo carácter. Si la pareja logra sobrevivir a estos cambios, seguramente saldrá reforzada.

Los cambios, decíamos, pueden darse en muchas áreas. Hay momentos en la vida de la pareja que son cruciales, y que la forma que tengamos de afrontarlos nos debilitará o fortalecerá como pareja.

Algunos de esos momentos importantes son:

▶ **La llegada de los hijos.** Por un lado, el ensimismamiento de la mujer durante su embarazo suele resentir al hombre. Por otro lado, una vez que el o los niños corretean por la casa, los roles y los espacios cambian, y es complejo organizarse como familia sin perder la vida de pareja.

▸ **Las etapas llamadas de crisis evolutivas y accidentales.** La pérdida de trabajo, la muerte de un ser cercano y amado por uno de los integrantes de la pareja o por ambos, y la enfermedad de un cónyuge generan cambios en el orden existente hasta el momento, y el paso a otra etapa requiere especial cuidado.

▸ **El síndrome del nido vacío.** Cuando los niños crecen y se van, la pareja vuelve a encontrarse sola.

Para afrontar los cambios y resguardar el amor en tiempos difíciles, podemos seguir algunos consejos:

▸ **Comunicarnos.** Hablar todo lo que sea necesario para que el vínculo se base en la sinceridad, la confianza y la comprensión.

▸ **Negociar y renegociar.** Las áreas de autonomía e independencia deben ser reestablecidas con cada cambio.

▸ **Trabajar de a dos.** Una de las cosas que caracteriza a las parejas que duran es que los dos saben que tienen que trabajar y que el trabajo nunca termina. Esto no implica que el matrimonio sea trabajoso, sino que los que lo componen sean trabajadores y estén dispuestos a acomodar y satisfacer las necesidades cambiantes.

▸ **Aprender a escuchar.** Implica, claro, tolerar y ceder.

▸ **Reconocer las señales no verbales.** Debemos ser capaces de ver los estados de ánimo de la pareja.

▸ **Manejar los distintos tiempos de cada uno.**

▸ **Flexibilidad.** Las parejas duraderas son las más flexibles, es decir, que no sólo se esmeran para adaptarse a los cambios, sino que logran preverlos.

▸ **Respeto mutuo.** Las áreas de desarrollo personal deben ser respetadas al máximo.

▸ **Resguardar el espacio de la pareja.** Que los cambios no impliquen el fin de los tiempos y las salidas juntos.

▸ **Compartir un sistema de valores.** Las parejas que mejor se enfrentan a los cambios son aquellas en las que no sólo hay objetivos sino bases comunes; la admiración por lo moral y la ética del otro son fundamentales.

CONSEJOS PARA LOS PROBLEMAS CON LOS FAMILIARES

Los problemas con los familiares suelen tener un aspecto común: los suegros. Las malas relaciones con los parientes del otro suelen ser motivo de chiste, pero en esa mofa hay mucha realidad. Éste sigue siendo uno de los motivos más frecuentes de conflicto. A veces no es muy difícil entender que la persona con la que vivimos es fruto de su educación. Es más, las parejas tienden a usurpar ese peso.

Sin embargo, no hay que tratar de arrancar al otro de sus raíces afectivas, ni pretender cambiar su estructura familiar, porque fracasaremos. Eso requiere un cambio en el modo de ver a la pareja, que se resume en que uno no debe fijarse en lo negativo de su familia política; lo cual no significa que vaya todos los domingos a comer a casa de los suegros.

Es verdad que nunca falta que cualquier integrante de la familia sea un tanto entremetido, protector, grosero, o nada más no exista nada de química entre nosotros. A pesar de ello, sabemos que tendremos que convivir tanto tiempo como dure nuestra pareja. Algunos consejos para sobrellevarlo mejor son:

1. Debemos mantener una relación cordial con la familia del otro. No tiene por qué ser afectiva, ni de total confianza, pero debe haber amistad.

2. Hemos de estar allí porque queremos a la pareja, no por los suegros, a los que no se tiene por qué querer.

3. Se puede opinar de la familia política, pero no criticarla a ultranza. Y, desde luego, nunca utilizarla para atacar al otro en una discusión.

4. En los momentos de discrepancia, siempre hay que apoyar al cónyuge. Lo primero es el bienestar de la pareja, y después el de la familia.

5. No darle vueltas al tema, que sólo sirve para contaminar el presente y el ambiente.

El formar «parte de otra familia», lidiar con los parientes y con los de la pareja, será una de las adaptaciones más importantes y tal vez de las más difíciles que tengamos que hacer. Por ello, nada mejor que estar juntos y apoyarnos mutuamente para superarlo y vivirlo como algo normal, como algo natural que nos agrade y nos dé satisfacciones, en lugar de provocarles enfrentamientos.

El hecho de dejar la familia y formar una nueva causa algunos problemas, especialmente al principio, porque las parejas no siempre reconocen cuándo deben poner límites ni tampoco saben la forma en que deben hacerlo. A las familias unidas les resulta muy difícil aceptar que ellos dejarán de ser lo primordial y lo más importante para su hijo/a, y les duele pensar en la distancia que habrá entre ellos por causa de la pareja.

Para enfrentar estos problemas, debe existir un respeto entre los integrantes de la pareja, y eso significa también el aceptar a la familia del ser amado. Con esto no queremos decir que deberíamos someternos y aguantar todos los desplantes que nos hagan ni permitir que se metan en nuestra vida o que pongan a nuestra pareja en contra de nosotros. Lo que esto significa es que tenemos que establecer ciertas reglas entre nosotros y su familia. Por ejemplo, si hay algún hermano, primo o tío que no nos gusta, al primer enfrentamiento que se propicie, con respeto debemos

MEJORAR LA RELACIÓN CON LOS SUEGROS

Los padres de nuestra pareja son personas muy especiales para ella. El amor que siente hacia ellos es diferente al que siente por nosotros, por lo cual jamás podremos competir con ellos. Y no se trata de eso, sino de acercarse lo más que podamos, demostrándoles que les apreciamos.

Las suegras son, probablemente, las que peor fama tienen, sobre todo cuando llegan los nietos. Las mujeres pueden imaginar perfectamente a la madre de él metida todo el día en la casa para ver cómo tratamos al bebé o para hacernos sentir mal porque ella cocina mejor. Pero tampoco falta el suegro que analizará con lupa al candidato, «para evitar que se la lleve cualquiera».

Para mejorar la relación con los suegros o llevarla tan bien como hasta ahora, debemos poner de nuestra parte, tomar las cosas con filosofía y no ver todos sus comentarios, actitudes o comportamientos de forma negativa.

Como mujer, generalmente es más fácil chocar con la suegra, así que por qué no probar algunos trucos...

• Ir juntas de compras un día completo.

• Llamarle para ver cómo está.

• Comprarle un detalle sin ninguna razón específica.

• Invitarle a desayunar, a comer o a tomar un café.

• Llamarle para preguntarle una receta o la forma de hacer una comida que sepamos le gusta hacer.

Los hombres, por el contrario, deben esforzarse en entrar en el corazón del padre de su pareja, por lo que pueden intentar...

• Interesarse por sus asuntos o su trabajo.

• Invitarle algún día a comer o a tomar una copa.

• Organizar una partida de dominó o póquer y pedirle que vaya.

• Pedirle consejos laborales o de cualquier tipo.

• Conversar con él los temas que sabemos que le gustan.

hacerle ver que no vamos a permitir eso, dándonos nuestro lugar. Para evitar cualquier tipo de discusión hay muchos métodos:

▸ Ser siempre nosotros mismos, para que nos conozcan desde el principio como somos.

▸ Debemos respetarnos para que ellos también nos respeten.

▸ Tratar de utilizar un buen lenguaje y guardar una relación de cierta distancia hasta que conozcamos bien a las personas.

▸ Seremos amables aunque observemos que algún familiar no lo sea con nosotros.

▸ Si alguien de la familia nos falta al respeto, lo conversaremos con nuestra pareja para ver la forma en que lo podemos solucionar; quizá nuestra pareja necesite hablar con esta persona para pedirle de buena manera que nos respete.

▸ Nuestra pareja es quien debe darnos nuestro lugar; pero no pidamos que nos lo dé si la razón del pleito o discusión no posee cierta lógica.

▸ No pondremos a ningún familiar en contra de nuestra pareja ni haremos que se enfrenten sin razón alguna. Si hay algún tipo de roce, lo comentaremos con la pareja y juntos tomaremos una decisión sobre lo que podemos hacer.

CONSEJOS PARA LOS PROBLEMAS ECONÓMICOS

Hablar de dinero con la pareja y ponerse de acuerdo puede, a veces, no resultar una tarea sencilla. Son pocas las parejas que coinciden en el tema del manejo de las finanzas. En realidad, así como no hay una sola forma de encarar el modo de gastar y de ahorrar, tampoco es fácil encontrar dos personas que estén hechas «el uno para el otro». Las diferencias siempre están presentes. Y cuando no se llega a fin de mes, los reproches y los enfados están a la hora del día.

Para algunos, por ejemplo, cumplir con el pago de los gastos de la casa es primordial. En cambio, para otros, esto es secundario. Si en una pareja coinciden estas dos opiniones, ante cualquier vencimiento se produce el cortocircuito. Uno pretende que su pareja comparta la responsabilidad de estos gastos, y el otro siempre tiene una excusa, porque prefiere ahorrar dinero para algo más importante.

También está el caso de los gastadores compulsivos, que suelen estar en pareja con personas insoportablemente avaras. Los especialistas dicen que cuanto más avaro es un miembro de la pareja, más tiende el otro a gastar a modo de protesta, adquiriendo cosas innecesarias. El problema es que, poco a poco, ambos se van distanciando con mutuas y varias recriminaciones y pocos proyectos en común.

Claro que los roces no sólo se dan en este tipo de parejas sino que también aparecen cuando ambos son gastadores. En algún momento, cuando el dinero resulta insuficiente para cubrir las cuentas o la tarjeta de uno o del otro, las discusiones empiezan.

El tema, obviamente, admite combinaciones infinitas. Es por eso que, antes de seguir, vale la pena subrayar que, en verdad, no existe una manera perfecta de manejar el dinero debido a que representa cosas diferentes para cada persona. El dinero tiene que ver con la historia familiar que tuvo cada uno y, en consecuencia, es imposible evitar los malos entendidos que surgen en cualquier convivencia. Por eso, es bueno saber que las diferencias por dinero son parte de la vida. Aceptar esto es un paso para no sufrir tanta angustia.

Las preguntas a resolver son: ¿Cómo ahorrar el dinero? ¿Cuáles son las prioridades más importantes o más valiosas? ¿En qué gastaremos el dinero excedente? ¿Es mejor tener cuentas separadas o una caja de ahorros común para cubrir los gastos de la casa?... Cuando hablamos del futuro, ¿ambos tenemos las mismas ideas sobre cómo invertir el dinero? ¿Es más importante el ordenador nuevo o pintar la casa?

Para evitar resentimientos y choques es necesario aprender a negociar juntos cada uno de los problemas de dinero que se vayan presentando. Aunque a veces no es agradable ni divertido sentarse a hablar de esto, es necesario hacerlo. Sólo a partir del diálogo y de la confección de un presupuesto casero, poniéndonos de acuerdo en los temas centrales de la economía familiar, es posible evitar una crisis que, en algunos casos, puede llevar a la bancarrota.

Lamentablemente, en la mayoría de los casos, el detonador principal de los conflictos económicos es la falta de una comunicación directa, sincera y clara en la pareja. Cuando de dinero se trata, en una interacción con muchas desavenencias, el empezar a hablar sobre este tema puede conducir rápidamente a una pelea, y por ello se termina muchas veces por evitar las discusiones serias.

Es frecuente que las parejas carezcan de técnicas específicas en su comunicación cotidiana, lo que hace que cuando necesiten enfrentarse a un tema como el dinero, que produce roces, surjan malentendidos y frustraciones.

Es por esta razón que toda pareja debe tener muy claro cómo se van a distribuir los gastos, y si se va a hablar de «tu dinero», «mi dinero» o «nuestro dinero».

Son muchas las razones por las cuales una pareja puede discutir o tener resentimientos hacia el otro cuando hay dinero de por medio. Algunas de las causas más frecuentes son:

▸ **La falta de sinceridad.** Tanto a hombres como a mujeres, en ciertos casos, nos da miedo contarle al otro que estamos gastando parte del sueldo en algo distinto del hogar.

‣ **Por crisis económica.** Cuando la pareja tiene problemas de dinero y no está lo suficientemente sólida para enfrentar la crisis, el aspecto económico se puede convertir en el detonador de muchos conflictos.

‣ **Cuando el dinero escasea las personas se tornan susceptibles y los problemas afloran.** Es necesario, por tanto, que dialoguemos y permanezcamos unidos.

‣ **Por desempleo.** Cuando esto ocurre hay que tomar las cosas con calma y comprender al que se queda sin empleo, pues no le resulta nada fácil acostumbrarse a pedirle dinero al otro hasta para tomarse un café. El desempleado casi siempre se vuelve conflictivo e irritable, porque ve seriamente afectado su orgullo al desaparecer su independencia.

‣ **Cuando uno aporta más que el otro.** Cuando uno trabaja mientras el otro duerme y se gasta el dinero que recibe en cosas innecesarias, se generan discordias, pues el que más aporta se siente explotado y utilizado. Lo importante, en estos casos, es dialogar, manifestar abiertamente la inconformidad y llegar a un acuerdo para que no se recarguen los gastos en una sola persona.

Afortunadamente, los especialistas acostumbrados a ver este tipo de riñas de pareja nos acercan algunas claves para evitar las peleas por causas económicas:

‣ Antes y durante la vida en común, debemos tomar papel y lápiz y sentarnos a hablar con sinceridad sobre el manejo de los gastos. Es necesario contarle al otro qué salario real cobramos para luego establecer gastos primarios, secundarios y, si es posible, dejar algo para los imprevistos.

‣ Debemos exponer las quejas que tenemos respecto a los asuntos de dinero, aunque siempre en un lenguaje claro y en primera persona, nunca culpando al otro.

HOGARES MATRIARCALES:
CUANDO ELLA MANTIENE LA CASA

Son muchas las familias en las que él se quedó sin trabajo y las cosas cambiaron. Ahora es el hombre el que se ocupa de la limpieza, de las compras, la comida, y pone la colada. Ese cambio tempestuoso no se digiere fácilmente. Por más que trabaje, ¿qué mujer no siente el íntimo deseo de que alguien la cuide? ¿Y qué hombre, si alguna vez fue proveedor, acepta con facilidad ser ama de casa porque ya no le queda más remedio?

Ambos, con certeza, han de llevar encima una pequeña sombra que amenaza, constantemente, con convertirse en una nube negra de tormentosos episodios que aparecen en el horizonte emocional de la pareja y la familia.

La máquina masculina ha sido diseñada por las sociedades modernas para trabajar. Trabajar, soportar, proveer, no sentir demasiado, tirar hacia delante sin mirar atrás. Es así. Pero cuando un tornillo de ese delicado mecanismo se atrofia, salta o —por obra de una cruel realidad, la desocupación, por ejemplo— la máquina debe detenerse sin razón, sin que la paralice ningún deterioro; entonces sobreviene la depresión, la sensación de impotencia y el desconsuelo.

La máquina femenina, en cambio, frente a las crisis reacciona casi siempre de otra forma, componiendo, recomponiendo, buscando respuestas que alivien el conflicto. ¿Qué puede hacer una pareja para superar esta situación? En primer lugar, hablar, decir, compartir sentimientos entre los dos. Es imprescindible, frente a ambas situaciones, hacerse cargo de lo que sí se puede hacer, proyectar, soñar. Además, es recomendable despegarse de los roles muy rígidos, e intentar ir más allá de los mandatos culturales y descubrir tal vez nuevos deseos, nuevas posiciones, nuevos horizontes, tanto en el hogar como en el trabajo.

▸ Los gastos deben ser compartidos de manera justa y equitativa. La idea es que ninguno se sienta afectado ni vulnerado.

▸ El que gane más dinero debe asumir la mayor parte de los gastos, y el que gane menos debe hacer aportes proporcionales a sus ingresos. Puede colaborar, por ejemplo, con el pago de algunos servicios, como el agua o la luz.

▸ Crear un fondo común es de mucha utilidad, siempre y cuando los dos puedan disponer de dinero en igualdad de condiciones y con previo conocimiento del otro. Hay que tener lealtad y respeto por ese ahorro.

▸ Dentro de la lista de gastos es importante incluir esas aparentes «nimiedades» como comprar la leche, el pan, el cuaderno para los niños... Todas esas cosas que poco a poco suman grandes cantidades y desequilibran el presupuesto.

▸ Si recibimos dinero prestado de nuestra pareja, es importante que lo devolvamos en los términos establecidos para que el otro no se sienta vulnerado.

▸ Si peleamos por el manejo de los gastos, es probable que uno de los dos esté siendo más generoso que el otro. Con frecuencia esto conduce a que uno de los dos se distinga por el exceso y el otro sabotee el presupuesto. De ahí la importancia de tener una cierta flexibilidad.

▸ Ninguno de los dos debe entregarle el cheque completo del sueldo a la pareja. Cada uno debe manejar su dinero y distribuir como quiera la parte del salario que le pudo quedar después de los gastos comunes.

▸ No debemos excedernos en los gastos por capricho. Es mejor limitarse y manejar la economía doméstica de acuerdo con los ingresos y jamás gastar más de lo que ganamos.

CÓMO AYUDAR A NUESTRA PAREJA
CUANDO TIENE PROBLEMAS

Los problemas laborales —y de cualquier tipo— a menudo dejan mucha huella en la persona que los sufre. Y la pareja, en muchos casos, se verá invadida por unos comportamientos y actitudes que no le corresponden y que no sabe cómo manejar. Cuando uno de los integrantes de la pareja llega a casa con un problema en el trabajo que, además, se mantiene desde hace tiempo, su actitud será derrotista, rabiosa, disconforme, etc.

Al mismo tiempo, esta actitud se reflejará en otras situaciones de su vida cotidiana, como con los amigos, la pareja, la familia, etc. La pareja será la encargada de sufrir todas las acometidas que produzca este problema, lo que, poco a poco, irá afectando a la relación.

Debemos tener en cuenta que los problemas de nuestra pareja también son nuestros problemas, puesto que tarde o temprano van a repercutir en la vida en común. Por ello, debemos tener una actitud activa al respecto, a fin de solucionarlo lo antes posible.

La función de la pareja no será solucionar el problema propiamente dicho, ya que, si le solucionamos los problemas al otro, podemos generar una dependencia. Lo que sí haremos será apoyar, ayudar y buscar soluciones en común, aunque el encargado de ponerlas en práctica será el directo afectado y no su pareja.

Lo que ocurre es que cuando estamos invadidos por un problema que no podemos solucionar, es muy común que caigamos en la llamada «visión de túnel», es decir, pensamientos recurrentes y negativos sobre el mismo hecho sin pararnos a ver más allá. Es como si mirásemos por un túnel y sólo viésemos el agujero del final y obviásemos a todo el mundo alrededor que le rodea, como si no existiera.

Debemos plantearnos (o ayudar a nuestra pareja a planteárselo) que, aparte de todo lo negativo del problema, es probable que haya algo positivo. ¿Hay algo más que no podemos ver debido a la presión que tenemos? En estos casos, nos podremos encargar de dar aportaciones positivas y otra visión más acorde a la realidad, para convencer al otro de que el problema no es tan grave y de que hay alternativas. Posiblemente, esté tan distorsionado que no sea capaz de ver una salida.

Muchas veces lo que suele suceder es que se mantiene la presión durante todo el día y, al llegar a casa, donde uno está en territorio conocido y hay confianza, se suelta toda la rabia acumulada y la que termina sufriendo es la pareja.

Para solucionar una mala racha, con todo, podemos seguir algunas pautas que nos ayudarán:

▸ Intentar mantener en casa un ambiente relajado y gratificante, que ayude a nuestra pareja a evadirse del problema.

▸ Proponernos dejar el problema en la puerta y que no entre en casa. Una buena solución es delimitar el tiempo dedicado a este problema, por ejemplo, una hora al día, de 6 a 7. Comenzamos a hablar de ello a las 6 de la tarde y a las 7 en punto lo dejamos hasta el próximo día. Es una forma de no dedicar el día completo al mismo tema y de evitar que los pensamientos se conviertan en una obsesión.

▸ Debemos ayudar y apoyar, pero no resolver, pues podemos provocar una dependencia.

▸ Animarle a realizar nuevas actividades que le aporten bienestar (deporte, ocio, etc.), para que no se centre sólo en el tema y busque alicientes en otras cosas, ya que, a menudo, el problema se perpetúa y tiene difícil solución.

▸ Incentivémosle para que se enfrente al problema lo antes posible, para que así no se alargue la situación más de lo esperado. Cuanto antes tome cartas en el asunto, antes remitirá el malestar y todo volverá a la normalidad.

▶ Convirtámonos en un estímulo positivo para nuestra pareja, haciéndole las cosas más fáciles y sencillas y relajando el ambiente siempre que sea posible.

▶ Buscar alternativas relajantes para enfrentarnos al mal humor que nos gratifiquen a los dos. A nosotros también nos ayudará como vía de escape.

▶ Cuando tengamos que mostrar nuestro malestar por la situación, hablaremos en primera persona, expresando cómo nos sentimos y cuáles son nuestras necesidades.

▶ Evitemos criticar al otro o echarle cosas en cara. Todo ello empeorará las cosas.

▶ Ayudémosle a buscar todo tipo de distracciones y a regularizar la situación.

▶ Buscaremos vías de escape: fines de semana fuera, cenas con amigos, salidas con los niños, etc. Toda distracción será válida para relajarse un poco, pero no como mecanismo de evitación.

LOS HIJOS: SABER SER PADRE Y MADRE A LA VEZ

La definición de nuestro rol o función como padre y como madre y, más específicamente, cuáles son las tareas u «obligaciones» que nos corresponden, es fuente de muchos conflictos en las parejas actuales, porque muchas cosas han cambiado en nuestra forma de vida respecto a la de nuestros padres y abuelos, donde el hombre era el que trabajaba y traía el sustento, y la mujer se encargaba de la casa y el cuidado de los hijos.

Hoy en día, la mayoría de las mujeres trabaja fuera o tiene expectativas de hacerlo, ya sea por necesidad o porque desea y necesita un espacio de desarrollo laboral o profesional y, por tanto, no dispone de la misma disponibilidad y tiempo para sus hijos. Estos cambios, que naturalmente podrían llevar a que cada pareja buscara un equilibrio en función del tiempo y energías de cada uno, distribuyendo las tareas relativas al hogar y el cuidado de sus hijos, entra en conflicto muchas veces con nuestras ideas y creencias —y no siempre conscientes— de lo que nos corresponde como hombre o mujer, porque éstas tienen que ver con el modelo que hemos asimilado a través de la relación con nuestros respectivos padres.

La única salida satisfactoria a estos problemas es la elección madura de una comunicación abierta y franca en la pareja, que apunte a la búsqueda de acuerdos, sin que ello suponga la sobrecarga de una de las partes.

Un método práctico que puede ayudarnos a ordenar las ideas y las tareas en una primera instancia consiste en dividir funciones, fijando horarios para las mismas en algunos casos, previo

LA OPINIÓN DEL EXPERTO

«En el transcurso de sus vidas, los niños que cuentan con un papá activamente involucrado en su crianza suelen desempeñarse mejor en varios aspectos que aquellos niños que tienen un papá que no se involucra. Los primeros suelen poseer mayores habilidades para resolver problemas y desempeñarse mejor en situaciones frustrantes; suelen tener mejores habilidades sociales y un mejor entendimiento de los sentimientos de otras personas. La participación activa del papá contribuye al sentido del humor del niño, a su capacidad de prestar atención y el entusiasmo con el cual exploran y aprenden.»

Íñigo Vázquez
Asesor filosófico y familiar

acuerdo mutuo. El único requisito básico que debemos seguir es que ambos nos sintamos cómodos con lo estipulado. Esto implica que cada uno reconozca y esté dispuesto en todo momento a asumir sus responsabilidades sin que ello implique sentirse mal o estar ofendido.

Lo positivo de este reparto de roles es que los padres comienzan a darse cuenta de que el hijo se vive con mayor ilusión cuando hay un reparto de tareas planificado, asumiendo que requiere un esfuerzo y dedicación continuos. Sin embargo, todavía es difícil sostener que, en el cuidado de los hijos, el reparto de tareas sea equitativo y que ambos se ocupen de la misma manera.

Los expertos están convencidos de que a los niños les va mejor cuando pueden tener la experiencia de distintas maneras de crianza y estilos de cuidados, tanto de hombres como de mujeres. Los bebés no se confunden por las maneras distintas con que se relacionan con ellos su mamá y su papá. En todo caso, aprenden que dos personas distintas entre sí son capaces de brindarle un cuidado afectuoso. ¿Por qué, entonces, a veces se nos hace difícil ser padres y madres?

La cuestión es: ¿es tan fácil que el padre se involucre? ¿Las madres están dispuestas a ceder ciertos espacios? Pese a que tanto el hombre como la mujer son igualmente capaces de aprender a cuidar de los bebés, es usual que muy temprano en la vida del bebé la mujer asuma el rol de ser su cuidadora principal.

Como las mamás suelen hacer el trabajo de cuidar a los niños, en general aprenden desde antes de concebir algunos trucos, y pueden llegar a ver a los padres como menos competentes. Cuando esto ocurre, podemos entrar en un callejón sin salida: la madre hace más, aprende más y se siente más confiada, por lo que cada vez asume más y más responsabilidades en el cuidado de los niños. El padre, en este escenario, hace menos, aprende menos y se siente menos capaz de proporcionar el cuidado cotidiano del niño.

Claro que, cuando este patrón se consolida, las madres se sienten sobrecargadas y los padres, excluidos. Los niños, entonces, pierden el beneficio que es tener a ambos padres brindándoles cariño e involucrándose en su crianza.

Afortunadamente, los padres que desean involucrarse en la crianza de sus hijos lo pueden hacer exitosamente si cuentan con el apoyo de su pareja. Existen muchas maneras en que podemos compartir el trabajo de la crianza de nuestros hijos y ser eficientes como padres de familia. La más importante es que ambos mantengamos siempre presente la idea de que sólo se aprende haciendo. Por eso, cuanto antes nos involucremos como pareja en el cuidado del bebé, más fácil será compartir tareas.

Todo papá merece la oportunidad de desarrollar una relación con su bebé. La mayoría logra aprender mejor el arte de criar a un niño si no tiene a alguien encima diciéndole lo que tiene que hacer y corrigiéndole mientras lo hace. Por eso, es importante que cada uno de los integrantes de la pareja tenga algo de tiempo a solas con el bebé, y que el otro mantenga las sugerencias a un mínimo y confíe en que su pareja aprenderá.

06

TRUCOS PARA ALGUNAS SITUACIONES POSIBLES

1. «AMO PERO NO ME CORRESPONDE»

Que el amor no dura para siempre es una realidad que muchos constatan con dolor. Puede ocurrir que esa persona a la que amamos, y que quizá alguna vez nos amó (o, al menos, eso creíamos) ya no tenga el mismo sentimiento.

Apatía, falta de confianza, ausencia de contacto físico, son algunos de los comportamientos que podemos observar en la persona que ya no nos corresponde.

Cuando el amor desaparece, si somos rechazados sentiremos no sólo que nuestro corazón es destrozado, sino que nuestra autoestima cae por los suelos. A la vez, sin embargo, debido a que a menudo mantenemos los sentimientos amorosos y esperanzados, podemos tener recuerdos positivos.

Para quien rechaza, el cuadro tampoco es muy positivo. Inicialmente, su autoestima aumenta por la adoración; pero rápidamente este estado es reemplazado por sentimientos de culpabilidad, irritación e incluso ira.

Cuando los sentimientos amorosos no son mutuos, ambas partes se sienten doloridas. Siempre se piensa que el que más sufre es el no correspondido, pero la situación es también dolorosa para quien es el blanco del afecto no deseado. Ambos sufren, aunque cada uno por una razón bien distinta.

Una amplia gama de aspectos puede hacer que una persona deje de querer a otra, y haga saltar la chispa del desamor: el deseo de autonomía, la falta de apoyo o sentimiento de aislamiento en la pareja, la falta de apertura e intimidad, la ausencia de romanticismo o pasión...

En muchos casos, la persona que deja de ser amada no es consciente de la existencia de estos problemas hasta que llega la ruptura. Incluso en ese momento, niega su existencia y busca causas externas a la propia pareja. En otras, la pareja, consciente de la situación, se enfrenta a ella. Conversaciones sobre los sentimientos y el estado de la pareja ayudan a dar continuidad al amor recíproco.

¿Qué estrategia empleamos si nos encontramos en una situación de amor no correspondido? Para empezar, debemos tener en cuenta que forzar situaciones no tiene sentido. Aceptar la realidad es el primer paso. Tampoco sirve de nada intentar hacer sentir culpable al objeto de nuestro amor, pues él no tiene la culpa de sus sentimientos. Además, es preferible evitar cualquier tipo de contacto para, así, evitarnos la creación de falsas esperanzas.

2. «LA INDIFERENCIA SE APODERÓ DE LA PAREJA»

Cuando una pareja pasa por una crisis, no necesariamente tiene que discutir todo el tiempo. Si tenemos la sensación de que nuestra vida y la de nuestra pareja van por carriles separados, si su presencia no nos conmueve y, más bien, nos resulta casi fantasmagórica, es porque la indiferencia se apoderó de nuestra pareja.

Casi siempre que surge, se debe a que se conoce mal al otro o que se le ignora, y, lo que es peor, ni siquiera tenemos deseos de conocerle mejor. Podemos darnos cuenta cuando a menudo nos sorprendemos a nosotros mismos «conversando» con nuestra pareja... y pensando en cualquier otra cosa: desde lo que haremos mañana hasta qué programa estarán dando por la tele. O si hacemos planes y, simplemente, nos olvidamos de incluir al otro, o de llamarle para avisarle. El desinterés por todo lo que le ocurre al otro, y, al mismo tiempo, la desgana y la pérdida de interés por compartir lo que nos pasa, son síntomas claros de que esta batalla la ha ganado la indiferencia.

En las relaciones de pareja diarias la indiferencia surge cientos de veces y puede acabar con la pareja. ¿Cómo una persona se puede sentir indiferente hacia el ser querido? ¿Por qué surge? ¿Cómo podemos superarla?

LA OPINIÓN DEL EXPERTO

«La indiferencia es una actitud psicológica ante algo que se valora como neutro: ni positivo ni negativo, ni bueno ni malo. El indiferentismo abre una brecha en la relación, que puede llegar a deteriorarse e incluso a romperse.»

Juan Dalmau
Psicólogo

La indiferencia es bastante peligrosa dentro de una relación, ya que genera incomunicación. Desde la indiferencia no puede existir entendimiento entre las personas y, por tanto, la comunicación no

POR QUÉ SURGE LA INDIFERENCIA EN LA PAREJA

▸ **La rutina.** Hacer y hablar todos los días de lo mismo y escuchar siempre las mismas historias puede acabar por cansarnos. La monotonía del día a día, si no se sabe combatir, tiene un efecto negativo en la relación, haciendo que surja la indiferencia hacia el otro, dejándole a un lado.

▸ **La decepción.** En la convivencia día a día bajo el mismo techo, se descubren aspectos desconocidos del otro que en algunas ocasiones suponen dar al traste con la truco que se tenía de nuestra pareja.

▸ **Ser infiel.** Cuando se da la infidelidad es muy probable que, de seguir juntos, se generen actitudes de indiferencia e incomunicación que terminen por arruinar la relación.

▸ **Egoísmo.** El sentimiento amoroso no es puramente altruista; cuando damos esperamos recibir lo mismo o al menos en similar proporción. El intercambio de afecto, de entrega, de comprensión, de cariño, de trabajo... llevará al desencanto si no es compartido, a la frustración, y logrará consumir a la relación.

▸ **Autoengaño.** La creencia de que lograremos cambiar al otro es falsa, y el mantener la venda en los ojos tampoco da resultado y en algún momento ésta caerá. Tampoco resultan esas uniones en las que uno de los miembros proyecta en el otro su ideal de persona y la disfraza de lo que no es.

▸ **Falta de palabras.** La incomunicación es uno de los pilares por los que se agrietan muchas parejas, y muchas veces la suma de silencios se va agrandando en igual proporción al resentimiento acumulado. Se acaba por no tener confianza en el otro, y sabemos que es imprescindible el diálogo y la sinceridad para poder mantener a flote la pareja. Las quejas en voz alta y la claridad restan relevancia al problema, y al comunicarlo se minimiza el conflicto.

es posible. Además, la indiferencia empobrece al indiferente, hace que la persona se encierre en sí misma. A través de la comunicación, el contacto y las relaciones interpersonales la persona se enriquece. El diálogo y la escucha son unas valiosas armas para luchar contra la indiferencia.

¿Se puede superar la indiferencia? La respuesta es sí, pero tiene un matiz: debemos querer superarla. ¿Y cómo se hace?

1. Retomar la comunicación. Debemos hablar sobre la situación a la que hemos llegado y cómo se puede mejorar.

2. Romper con la rutina de todos los días, sorprender a la pareja con cosas que le gusten, como unas entradas para el teatro. Debemos dedicarnos un tiempo exclusivo para los dos, salir a cenar y hablar de cómo nos sentimos ambos.

3. «REGRESAMOS DE VACACIONES Y...»

Pensábamos que íbamos a descansar, relajarnos y pasárnoslo bien, pero lo único que hicimos durante las vacaciones fue pelear y estar malhumorados. Los anhelados días de relax se convirtieron en una verdadera pesadilla. Ahora que estamos de regreso, ambos comenzamos a pensar en la posibilidad de separarnos... ¿Qué nos ocurrió?

Una de las razones de qué se haya producido un pequeño terremoto puede ser que, dado que estas semanas a menudo se planifican más que el resto de la vida, se idealiza la situación y no se tienen en cuenta los inconvenientes que pueden surgir, por ejemplo, por la mala elección del lugar, los cambios de horarios o las numerosas salidas. Pero, sobre todo, como la convivencia pasa a ser continua, pueden desaparecer los espacios propios y es posible que de pronto empecemos a sentir la extraña obligación de estar con el otro todo el tiempo, no por necesidad sino como un deber.

Estamos acostumbrados, durante todo el año, a vivir individualmente, cada uno con su trabajo; los momentos juntos son escasos y, en general, nos dedicamos más a tratar temas domésticos y cotidianos que a pasar tiempo juntos. Cada uno se organiza a su manera y no contamos con el otro, ya que sólo nos vemos a las 10 de la noche para cenar y acostarnos.

Cuando llegan las vacaciones la pauta se cambia, estamos juntos todo el día, tenemos que hacer las tareas domésticas, organizar las vacaciones, salidas fuera de casa, cenas con amigos, visitas familiares, etc., y en esta dinámica aparecen problemas cuando tenemos que contar con el otro para organizar las cosas. Surgirán discusiones por no consultar algo al otro, por organizar una cena sin previo aviso, por querer imponer las ideas propias sin hacer caso a las del otro, etc.

Estas situaciones generan diferentes tipos de malestares en cada uno de los miembros de la pareja, que si no se conversan en el instante en que suceden aumentan los malentendidos y el estrés.

CÓMO IR DE VACACIONES... Y REGRESAR FELICES

Para lograr el bienestar tan esperado y la tranquilidad soñada, la relación de la pareja debe consolidarse durante todo el año. No podemos pretender que los problemas desaparezcan por arte de magia en vacaciones. Es necesario fortalecer el vínculo con actitudes, gestos, búsquedas mutuas, sexualidad frecuente, encuentros familiares y la motivación de los logros personales. Así, las vacaciones serán verdaderamente el espacio para que disfrutemos cada uno y con la pareja.

El deseo del encuentro y la necesidad de compartir situaciones o salidas que durante la rutina del año no son posibles, también puede terminar en cortocircuito si la relación no es buena.

Una pareja que vive mal en la cotidianeidad, con reclamos, exigencias, miedos y peleas, inevitablemente va a aumentar el malestar durante la convivencia permanente, por más que se trate de un espacio donde estamos distendidos. Hay que tener en cuenta que no por estar de vacaciones mágicamente se resolverán los problemas.

4. «LOS CELOS PUEDEN MÁS QUE YO»

A veces nos ocurre casi sin darnos cuenta, y de golpe nos encontramos inmersos en una situación en la que el control sobre el otro pasa a ser nuestra ocupación principal a lo largo del día. Cada persona del sexo opuesto que se acerque a nuestra pareja pasa a ser un potencial peligro, no importa que sean compañeros de trabajo, de estudio o clientes. Y así, somos capaces de observar con lupa el resumen de las llamadas de su móvil, de inmiscuirnos en su correo electrónico, de ir a buscarle por sorpresa al trabajo... todo parece valer en nombre de los celos.

Las discusiones, por supuesto, no tardan en llegar. Cualquier indicio que nos cree la más mínima sospecha puede disparar un interrogatorio casi policial, que seguramente no hará más que enfadar a nuestra pareja, mientras que la duda no se irá de nuestra mente, aun cuando la objetividad nos diga lo contrario.

Los celos, fundados o infundados, nos acechan a todos, pero no todo el mundo sabe dosificar su efervescencia. Un temperamento apasionado no concibe el amor sin ellos y sucumbe a su embrujo de una forma visceral, mientras que los de talante frío invocan a la razón para no caer en lo que consideran una bajeza. La seguridad que nos inspira la relación que tenemos entre manos también influye a la hora de alentarlos o desecharlos.

Dentro de un orden, los celos forman parte de un juego de halagos mutuos; nos enorgullece despertar ese sentimiento en el ser querido, a quien devolvemos el cumplido con las mismas; pero resulta peligroso emplearlos como estrategia para estimular el interés del otro. Con eso de que la confianza mitiga el deseo y el temor aviva sus llamas, en ocasiones exploramos nuestra capacidad de conquista para que la alarma se dispare. ¡Ojo, esta táctica puede volverse en contra y desencadenar consecuencias no deseadas!

Este tipo de celos incontrolables surge, normalmente, en parejas codependientes. Es decir, cuando uno depende del otro para todo tipo de actividad, para todo tipo de decisión, y no podemos movernos el uno sin el conocimiento y consentimiento del otro, en fin, sentirse el uno completamente atado al otro, muchas veces por imposición de uno de los dos.

El hombre y la mujer que caen en un «mundo exclusivo» no se dan cuenta de los peligros que corren dentro de él, porque no son conscientes de que el uno no puede, de ninguna forma, aspirar a representarlo todo para el otro, por muy enamorados que se sientan.

Llevar una vida «individual», dentro de los límites de la vida en pareja, no es solamente normal, sino mucho más: ¡es absolutamente necesario! No nos referimos al caso de una pareja en la que cada uno lleve una vida social continuamente independiente de la del otro. Lógicamente, tanto él como ella con esta actuación están dando lugar para encontrarse cuanto antes con sus «segundas medias naranjas».

Nos referimos, concretamente, a la persona que vive convencida de que su pareja puede verse en gran «peligro» por el hecho de que él se pase una tarde en la semana compartiendo unas copas con sus amigos, y ella disfrute un almuerzo con sus amigas. En este último caso, no es el amor del uno por el otro lo que está en tela de juicio, sino lo que cada uno considera una vida llena o vacía. El hecho de que formemos una pareja no nos convierte en personas diferentes, y mucho menos nos hace constituir una unidad autosuficiente.

Ambos seguimos siendo personas, con necesidades individuales: metas profesionales que buscamos alcanzar, actividades recreativas para compartir, inquietudes que comunicar a ese mejor amigo de la infancia... Y sólo sintiéndonos cada uno en el legítimo y sano derecho de satisfacer estas necesidades fuera del círculo de la pareja, podemos también sentirnos mucho más realizados como personas. Esta realización personal, a la vez, se revierte en mayor felicidad como miembro de una pareja.

¿POR QUÉ SE TIENEN CELOS?

Los celos son muy comunes al principio de una relación. Son parte del amor que comienza e incluso se suelen percibir con cierto halago. Sin embargo, la cosa cambia cuando la relación se asienta y la pareja sigue comportándose de forma celosa con frecuencia y sin motivo aparente. Los celos continuos no se sienten como amor, sino que se perciben como sofocantes, controladores y sugieren una falta de confianza en la persona amada y en uno mismo.

▸ **Falta de autoconfianza.** Es un factor que influye de forma decisiva en los celos. La inseguridad puede provocar dudas sobre las muestras de afecto y sentimientos de los demás. Hay personas que a pesar de tener éxito en la vida poseen un bajo nivel de autoestima y no se sienten merecedoras de ser amadas. La carencia de autoconfianza genera incertidumbre en la relación, estando alerta a cada incidente real o imaginario que pruebe que el amor de la pareja es verdadero.

▸ **Miedo al cambio.** Es, en cierta medida, normal temer al cambio. En general, está relacionado con el miedo a perder a la persona querida. Así los celos y las conductas posesivas hacen su aparición como un intento de conservar la relación. Cuando las necesidades de uno de los miembros de la pareja cambian, la otra persona puede sentirse amenazada y, en consecuencia, aferrarse más que nunca al otro, temeroso de que ese cambio pueda llevar a la ruptura.

▶ **Dependencia.** En las relaciones de pareja satisfactorias, cada miembro se siente una persona independiente de la otra, con gustos, amigos y aspiraciones propias. Esto fortalece la unión que, de otra manera, podría acabar por absorber y agobiar. Si la seguridad en uno mismo se basa exclusivamente en la pareja, se corre el peligro de convertirse en alguien muy dependiente, incapaz de hacer nada sin contar con el otro.

▶ **Temor a quedarse solo.** A veces, el temor a quedarse solo suele deberse a antecedentes familiares de divorcio, separación o fallecimiento, entre otras cosas. Esto puede tener como consecuencia la creencia de que las relaciones no son duraderas y sí muy frágiles y dolorosas. Así, podemos intentar protegernos haciendo uso, muchas veces de forma totalmente inconsciente, de los celos infundados.

CÓMO HACER FRENTE A LOS CELOS

▶ **Pensarlo dos veces.** Cuando actuamos sin saber lo que hacemos, conviene pararse a pensar en las repercusiones que tendrán nuestros actos, en uno mismo, en la pareja y en la relación. Lo idóneo es poseer cierto nivel de autocontrol y pensar las cosas antes de hacerlas o decirlas. De lo contrario se pueden producir consecuencias no deseadas como malos entendidos o discusiones.

▶ **Ser independientes.** Es necesario conseguir ser y sentirse una persona independiente y autónoma. También es importante confiar en uno mismo y valorarse positivamente. Una relación no implica tener que compartir las veinticuatro horas del día con la pareja. Asumir que cada uno puede tener intereses y amigos diferentes con los que compartir algunos momentos, no tiene por qué provocar un conflicto.

▸ **Aprender a confiar.** La relación de pareja ha de basarse en la confianza mutua y no en la creencia de que la otra persona es una propiedad de uno. Tratar de bloquear pensamientos como: «seguro que está con otro», «si está tardando más de la cuenta es porque no me quiere»..., será de gran ayuda.

5. «QUIERE SEPARARSE»

Hay una frase que causa escalofríos a cualquier persona que tenga una pareja y, de una manera u otra, sepa que la relación no está todo lo bien que sería deseable: «Creo que tenemos que hablar.» Cuando una pareja se separa puede ser porque ambos lo decidieron de común acuerdo, o bien porque uno de los dos ha meditado la decisión en solitario y básicamente se limita a comunicarlo al otro.

El argumento, probablemente, sea a la vez ambiguo y contundente: «Algo se rompió», «Ya no siento lo que sentía antes», «La relación está agotada», «No estoy preparado para seguir adelante con esto»... En general, es planteado como una decisión tomada, aunque normalmente las posibilidades de diálogo, si no ha ocurrido nada grave en la pareja, siempre están abiertas.

Lo primero que debemos hacer es serenarnos, tomarnos un tiempo para escuchar las razones de nuestra pareja, el porqué de su decisión, y también dedicarnos un tiempo a meditar sobre lo que hemos escuchado. Dar manotazos de ahogado, en estas circunstancias, no nos llevará más que a un callejón sin salida.

Muchas veces, la declaración de un deseo de separarse no implica, necesariamente, que la decisión esté tomada. En principio, lo que expresa es una disconformidad importante con respecto a la relación. Por ello, es importante que el diálogo se produzca con tiempo, calma y, sobre todo, intentando comprender al otro. Proponer cambios (siempre y cuando nos sintamos capaces de llevarlos a cabo) es una buena manera de abrir el diálogo.

Las causas por las que nuestra pareja puede haber decidido separarse pueden ser infinitas, y no podríamos en este espacio tratarlas todas. Es importante, entonces, saber detectar en la conversación, las causas profundas del deseo del otro: ¿está dispuesto a intentarlo una vez más? ¿Lo ha meditado suficientemente? ¿Es capaz de concedernos una segunda oportunidad?

En ocasiones, cuando nuestra pareja nos comunica que se quiere separar, ya hemos recorrido un largo camino de peleas y reconciliaciones, y es probable que hayamos llegado a un límite. Saber reconocerlo nos ayudará, en todo caso, a afrontar mejor un proceso de separación que parece inevitable.

Debemos tener en cuenta que la ruptura de una pareja constituye una crisis personal. Sentimos que nuestra imagen social está en juego, porque se vulnera la autoestima individual, y al mismo tiempo se destruye el proyecto de vida que ambos habíamos emprendido cuando asumimos nuestro compromiso.

Se trata, según los especialistas, de un cambio tan fuerte en la vida, tan devastador, que del terremoto nadie sale ileso. Las parejas que deciden continuar vidas separadas sufren heridas difíciles de dimensionar en plenitud, que podrían perpetuarse de no aplicar los adecuados primeros auxilios en las primeras fases de esta crisis.

Es necesario precisar que las rupturas emocionales no comienzan cuando se prepara la maleta para partir, sino mucho antes, por lo que la búsqueda de apoyo terapéutico puede ser de gran apoyo.

Por supuesto, lo que sigue a la decisión irrevocable de separarse afecta de manera distinta a quien se queda y a quien abandona. Sin embargo, los costos emocionales son muy similares para ambos.

Cuando las maletas están listas, y comienza el viaje en solitario, es importante tener en consideración ciertas recomendaciones básicas, no para sufrir menos, sino para respetar las etapas de un duelo inevitable, y de estar más conscientes del recuento de daños que, según los especialistas, siempre puede superarse.

▸ **Hablar cuanto antes.** Antes de que la ruptura sea inevitable, es conveniente conversar el tema con alguien cercano, familiares, amigos, o alguien que nos conozca como pareja. La idea es obtener una visión desde la cercanía, sentir apoyo durante esta fase del trance y ayudar a poner las ideas en orden. También alivia hablar con personas que no tengan ninguna relación con la pareja ni estén involucradas emocionalmente con el tema. De esta forma lograremos tener una visión desinteresada y objetiva del problema que puede resolverse, antes de que sea demasiado tarde.

▸ **Recurrir a nuestra red de contención.** Si estamos por separarnos, vamos a necesitar una red de apoyo emocional donde encontrar compañía. Parientes, amigos, e incluso compañeros de trabajo, son imprescindibles en esta etapa. Es necesario retomar las amistades perdidas u olvidadas. Lo importante es no quedarse solo, al menos durante una primera etapa.

▸ **Recordar que el apoyo es temporal.** Es importante comprender que el apoyo de la red social, que en cierta forma anestesia un poco la primera etapa de la separación, se hará cada vez más espaciado. Las invitaciones a comer o tomar un café para conversar, comenzarán a escasear cuando pase la «novedad» de la separación.

▸ **Apoyo profesional.** Según los especialistas, es recomendable que toda persona que se separa tenga al menos una sesión de evaluación con un profesional en salud mental. Este diálogo permite que la persona observe su problema y entienda el porqué del fin de su relación. Así se facilita identificar en qué falló él o ella, así como los errores cometidos por su pareja. La terapia ayuda a aclarar la propia vida y a proyectar otro horizonte en solitario, y también facilita la liberación de las culpas propias que hemos ido alimentando durante el proceso.

▸ **Llorar mucho.** Si bien todas las personas se manifiestan de manera distinta, es recomendable dar rienda suelta a las lágrimas, para sacar la pena y poner el problema fuera de uno mismo. El llanto es una expresión emocional legítima. Por supuesto, con un límite en el tiempo.

▸ **Evitar el odio.** Es recomendable que quienes se separan no queden en términos odiosos con su ex pareja. Si bien las separaciones pueden sacar lo peor de cada persona y se puede llegar incluso a la agresión física o verbal, lo ideal es que se mantengan ciertas normas mínimas de cortesía con el otro. En ese sentido, lo ideal es no buscar alianzas estratégicas entre los cercanos a la ex pareja, creando bandos a favor o en contra de alguno de los que antes eran uno.

▸ **Cuidar a los hijos.** Si en la separación están involucrados niños de la pareja, es necesario explicarles —y cerciorarse de que entienden— que la ruptura no tiene que ver con ellos, y no inventar excusas para justificar la ausencia de alguno de los padres.

▸ **Autocuidado.** Después de la separación es urgente estar muy pendiente de lo que ocurre con uno mismo. Esto pasa por resolver asuntos cotidianos como el nuevo presupuesto disponible para los gastos del mes, la nueva vivienda a habitar, etc. Otro tanto acontece con los cambios físicos que necesariamente aparecerán, como aumento o baja de peso, falta de sueño, irritabilidad o cansancio, síntomas que podrían estar asociados a una depresión producida por el suceso.

▶ **Hacer cosas por uno mismo.** Todo lo que hagamos debe ser por propia satisfacción. Comprarse ropa, maquillarse, viajar o divertirse deberían ser actos motivados por uno mismo y no para demostrarle al ex o a la sociedad que se está bien y que se puede rehacer la vida.

▶ **Darse tiempo.** Asumir la separación es un proceso que tarda tanto como es preciso y depende de los recursos emocionales de cada persona. Una vez que la vida vuelve a reorganizarse en solitario, se repara la autoestima dañada, y se perfila un nuevo horizonte individual, es recomendable «abrir las puertas con cuidado». Quienes se separan terminan muy vulnerables después de la ruptura y sienten una gran necesidad de afecto, por lo que hay que estar alerta al asumir nuevos vínculos que pueden resultar nefastos y terminar en malas experiencias.

6. «¿ME ESTÁ SIENDO INFIEL?»

La duda se apodera de nuestra mente y, desde ese momento, no podemos pensar en nada más. Basta un detalle tonto (o un par, por qué no), para que el cielo se vuelva negro y caiga sobre nosotros.

Ver a nuestra pareja tomando un café fuera del horario de trabajo con otra persona, o encontrar un número telefónico en los bolsillos del otro, o recibir una llamada misteriosa (de esas en las que el teléfono suena a horas insólitas y cuando atendemos… cuelgan), puede disparar todas nuestras dudas.

A partir de ese momento, es probable que tengamos las antenas muy atentas y que, frente a cualquier detalle, proclamemos haber descubierto la infidelidad.

Sólo porque nuestra pareja ha vuelto tarde a sin avisarnos, o porque ciertos detalles de su comportamiento nos parecen extraños, no debemos suponer necesariamente que nos está siendo infiel. Por tanto, el primer consejo es no ir inmediatamente y sin pruebas a armar un escándalo como los que hemos visto en las películas.

Hurgar en sus bolsillos o en su bolso, acechar sobre su hombro para ver si encontramos un pelo, intentar oler un perfume diferente, llamarle mil veces a su oficina, es completamente inútil, sobre todo si somos de carácter celoso. Posiblemente acabaremos por ver fantasmas allí donde no los hay.

Antes que nada, debemos serenarnos y comenzar a repasar sus comportamientos en los últimos tiempos. Tal vez no encontremos nada raro... Algunos aspectos de la vida diaria que pueden hacernos sospechar son:

1. Cambios de humor repentinos y sin motivo.

2. Mala comunicación, distanciamiento o apatía.

3. Dificultad para compartir pequeños momentos de tranquilidad y sosiego.

4. Poca participación en las tareas cotidianas.

5. Sensación de indiferencia.

6. Encontrar pasividad ante las recriminaciones efectuadas (no hay respuesta).

7. Falta de complicidad.

8. Excusas rutinarias en las horas de llegada a casa o en las citas llevadas a cabo.

9. Cansancio excesivo.

10. Sensación de que tiene la cabeza en otra parte.

11. Conversaciones telefónicas a deshora o a escondidas.

Éste es sólo el primer paso. Que encontremos que alguno de estos aspectos ha cambiado no es certeza de nada. Imaginemos que, en nuestra tarea por descubrirlo, lo hemos llamado a la oficina y no le hemos encontrado. ¿Qué demuestra? Nada. Pudo haberse ausentado para visitar a un cliente. ¿Y si encontramos un cabello en su blusa o en su chaqueta? Pues lo mismo: que quizá se ha encontrado con alguien y, al saludarse, un pelo le ha caído en su ropa.

Jugar a Sherlock Holmes en esas situaciones no es la actitud más adecuada para revalorizarnos. Incluso si encontramos alguna prueba, nada nos indica de manera explícita que hemos sido traicionados. Por ello, si tenemos una sospecha fuerte, lo mejor es hablarlo con nuestra pareja en lugar de seguir alimentando fantasmas. Con delicadeza o con brusquedad, según sea nuestro carácter, tendremos que armarnos de valentía y enfrentar la situación. Pero siempre debemos seguir un consejo: no declararle culpable sin antes escuchar sus argumentos.

7. «HAY OTRA PERSONA EN SU VIDA»

Lo hemos estado sospechando durante tiempo y hemos decidido que era hora de enfrentarnos a la verdad. Conversamos con nuestra pareja y, tal vez después de negarlo, finalmente reconoce que nos ha sido infiel. Buscamos esa confesión y, ahora que la hemos oído, nos abruma, nos descentra y nos ofusca. ¡Cómo hubiéramos deseado escuchar lo contrario! Nuestras sospechas se han hecho realidad, y a partir de ahora nuestra relación no será igual.

Pocos momentos son tan dolorosos como el instante en que una persona se entera de que ha sido engañada, pero... ¿qué sucede con el día después? Básicamente hay dos opciones, que no tenemos por qué tomar inmediatamente: seguir juntos o separarnos.

Si se quiere salvar la relación porque el compromiso afectivo es importante, la postura más inteligente frente a una infidelidad sería mantener la cabeza fría. Conservar la serenidad y ser objetivo, intentar comprender qué ha motivado ese comportamiento.

Aunque sería el ideal, no siempre es posible ser tan comprensivo. Hay muchas personas que consideran la infidelidad como una situación insuperable. Son incapaces de perdonar y, mucho menos, de olvidar. Tienen miedo de que la situación se vuelva a repetir.

En cualquier caso, debemos tener en cuenta que, normalmente, una persona no es infiel porque sí. Suelen existir desencadenantes previos, como sentimientos de abandono, deterioro afectivo, falta de comunicación o simplemente falta de amor.

Claro que, en la práctica, no sirve de mucho conocer las causas. Cuando una pareja llega a una situación así, es difícil mantener la objetividad suficiente para poder analizarlas. El impacto del hecho hace ver las causas como simples excusas, difíciles de admitir.

Por supuesto, nadie nos culpará si elegimos dejar a nuestra pareja cuando nos ha sido infiel. De hecho, son muchas las parejas que, aun habiéndolo intentado, se han dado cuenta de que les era imposible superarlo.

Para muchas personas, la imagen de la traición siempre perdurará en la pareja. Y ciertamente algunas relaciones, simplemente, no pueden sobrevivir a esta situación.

Sin embargo, debemos tener en cuenta que siempre hay gente que puede aprender de sus errores, y que nada tiene por qué ser eterno. Por eso, si elegimos permanecer con nuestra pareja, hay muchos aspectos para tratar. Por empezar, el sólo hecho de permanecer con nuestra pareja no significa nada, ya que puede suceder que no perdonemos y no olvidemos. Por lo tanto, lo ideal es consultar con una fuente objetiva del exterior antes de tomar una decisión.

Fundamentalmente, debemos preguntarnos si se justifica el esfuerzo por continuar la relación. ¿Pensamos, en el fondo de nuestro ser, que existe un potencial para volver a confiar? ¿Deseamos realmente tomarnos el duro trabajo de mejorar una relación que parece estar cerca del fin?

Por supuesto, hay infidelidades e infidelidades. Y, antes de tomar una decisión, es preciso analizar los hechos. En primer lugar, tendremos que valorar el tiempo transcurrido, es decir, durante cuánto tiempo ha estado sucediendo. Podemos encontrarnos con casos en los que se han mantenido relaciones durante meses habitualmente, con un sentimiento hacia esa persona. En otros casos, la infidelidad supone contactos esporádicos con distintas personas, extendidos a lo largo del tiempo. Por último, también tendremos casos en los que la infidelidad ocurre una sola vez y no se vuelve a repetir.

Otro factor a tener en cuenta es saber si existe algún tipo de emoción o sentimiento con respecto a la otra persona. Será muy distinta la forma de abordar la situación si nuestra pareja está enamorada de la otra persona o siente algo por ella que si se sólo es una aventura pasajera.

También tendremos que tener en cuenta la posibilidad de contacto con esa persona: ¿se ven habitualmente?, ¿son compañeros de trabajo? Es importante a la hora de superar la inseguridad que esto nos va a generar.

A la hora de enfrentarse a una infidelidad habrá que tener en cuenta estos factores para saber en qué punto nos vamos a situar. Tendremos que valorar también el momento en el que nos encontramos como pareja: si existen conflictos, quizá podamos entender mejor la infidelidad y podrá tener un porqué que la justifique, aunque sea en parte.

Si, por el contrario, nos encontrábamos en un buen momento como pareja, tendremos que indagar en la personalidad de nuestro compañero para averiguar por qué nos fue infiel, qué debilidades aparecen en él que le han hecho engañar a su pareja.

EL ENGAÑADO Y EL INFIEL

En una infidelidad siempre aparecen dos personajes: el engañado y el infiel. Dependiendo del papel que nos corresponda, nuestras emociones van a ser diferentes. Si la vivimos como un engaño, como un «timo» a nuestra relación de pareja, seguramente experimentaremos sentimientos como: culpabilidad, tristeza, desasosiego, falta de confianza en nosotros mismos y en el otro. Tal vez nos sintamos defraudados y decepcionados con respecto a nuestra pareja, ira, rabia, resentimiento y dificultades para perdonar.

Mientras tanto, quien ha sido infiel es probable que no se sienta mucho mejor. Tal vez sienta culpabilidad, confusión, inseguridad, tristeza e indefensión, porque no puede hacer nada, tiene que esperar a que el otro le perdone.

Estos sentimientos requerirán distintas estrategias para intentar superarlos e irán disminuyendo a medida que vaya pasando el tiempo, independientemente de que la solución haya sido mantenernos juntos o separarnos.

Por otro lado, será útil establecer una serie de pautas a seguir si lo que queremos es salvar nuestro matrimonio. Para ello tendremos que diferenciar entre el papel del engañado y el del infiel.

LO QUE DEBERÍAMOS HACER SI HEMOS SIDO ENGAÑADOS

▸ Preguntar todo lo que queramos saber. Esto puede parecer extraño si lo que intentamos es olvidarnos de lo sucedido, pero en un primer momento nos será útil, ya que así evitaremos dedicar todo el día a pensamientos circulares relacionados con el tema, preguntas que se nos ocurran en el momento, etc. Una vez que tengamos respuestas de todo, no tendremos que preguntar más y tendremos una visión general de todo lo sucedido.

▸ Expresar nuestros sentimientos en el momento. Es una forma de comunicarnos, y le permitirá a nuestra pareja saber cómo reaccionar. Tendremos que hacerle ver que necesitamos un abrazo, o darle un grito para derivar la rabia interior. Guardar las cosas para luego sólo ayudará a que salgan todas juntas en la próxima discusión.

▸ Valorar en su justa medida las cosas que haga nuestra pareja para reconquistarnos.

▸ Buscar en nuestra pareja los rasgos de la comunicación no verbal (expresiones, momentos de reflexión, si nos mira a los ojos cuando se sincera, si ha llorado o está triste). Es la única forma de saber si es sincero, si realmente está arrepentido, si intenta recuperarnos.

LO QUE DEBERÍAMOS HACER SI HEMOS ENGAÑADO

▸ Replantearnos la situación. Debemos hacernos algunas preguntas ineludibles: ¿por qué comencé una vida en pareja?, ¿qué cosas me gustaron de mi pareja actual?, ¿qué proyecto de vida teníamos en común? ¿Todo esto se sigue manteniendo y sigo buscando lo mismo en una relación o no? Si la respuesta es sí, nos estaremos demostrando que nuestro futuro sigue estando al lado de nuestra pareja, y que tenemos que conseguir con ella lo que nos aporta nuestro amante para así tener una relación completa.

▸ Sincerarnos con nuestra pareja, explicándole lo sucedido e intentando hacer hincapié en los sentimientos que tuvimos y en los porqués. Si la infidelidad se produjo porque estábamos pasando un mal momento, debemos expresar la soledad, la incomprensión, el mal humor, el apoyo de la otra persona, etc.

▸ Hacer una lista con todas las virtudes y valores de nuestra pareja, todo lo que nos gustó de ella cuando la conocimos.

▸ Dedicarnos a reconquistar a nuestra pareja.

▸ Intentar identificar sus malos momentos y ayudarla.

▸ Dejarle su espacio propio para que elabore sus sentimientos.

▸ Explicarle por qué estamos dispuestos a volverlo a intentar.

▸ Pensar sobre los motivos que hemos tenido para ser infieles.

SI HEMOS DECIDIDO SEGUIR JUNTOS...

▸ Dedicar un espacio a hablar sobre los errores cometidos, sobre los posibles porqués y sobre la monotonía. Luego, aparcar el tema y dejar de machacar cada día.

▸ Fomentar la tranquilidad y el cariño. Debemos proponernos dejar de insistir constantemente en el tema. Una vez que la decisión está tomada, tenemos que hacer todo lo posible para que funcione, lo que implica también relajarnos y volver a disfrutar de la pareja.

▸ Dedicarnos tiempo para nosotros solos y buscar gratificaciones comunes, dejar de lado la monotonía y el aburrimiento.

▸ Resaltar las virtudes de nuestra pareja cada vez que podamos, y hacerlo de forma discreta.

▸ Intentar que lo ocurrido no afecte a nuestra vida en general ,perjudicando así el día a día.

8. «TENEMOS UNA DIFERENCIA IMPORTANTE DE EDAD»

Las parejas, a veces, son un tanto disparejas. Es el caso de aquellos que están juntos pero, entre uno y otro, hay unos cuantos años de diferencia. Por supuesto, no siempre es igual: una cosa es que él sea mayor y otra que ella lo sea. Evidentemente, cada vez está más aceptado, pero lo cierto es que, en algunos casos, los recelos sociales se hacen sentir más fuerte. Es el caso de las mujeres que salen con hombres mucho más jóvenes, o el de los hombres que, además de una novia joven, tienen hijos de casi la misma edad que su pareja.

Sin embargo, si estamos en esta situación, podemos argumentar, frente a las críticas, que un hombre joven puede hacer una buena elección centrándose en una mujer madura. Éstas ofrecen una mayor calidez, tolerancia y estabilidad que las mujeres jóvenes. La mujer madura tiene la experiencia necesaria para darse cuenta de que no hay que esperar al hombre perfecto: conoce sus fallos y los acepta. No espera que su pareja se convierta en el príncipe de los cuentos de hadas. Esto aporta mayor seguridad a los hombres, que buscan en la mujer madura comprensión y amor.

Cuando él es el mayor, es probable que la relación sea mejor aceptada. En este caso, podemos argüir que los hombres maduros buscan en una mujer joven la posibilidad de seguir viviendo la vida con plena intensidad. Necesitan sentir que todavía pueden seguir disfrutando al máximo de todo lo que les rodea. En cambio, las mujeres jóvenes, generalmente, buscan en un hombre maduro la protección y la experiencia.

Hay algunos factores que, con todo, nos permiten establecer algunas distinciones entre los diferentes tipos de relaciones de personas con gran diferencia de edad:

▸ **Quién de los dos es el mayor.** Este factor tiene connotaciones sociales. El hecho de que el hombre sea el mayor está socialmente mejor aceptado que si es a la inversa. Si la pareja es en este sentido aceptada por sus allegados, tendrá mayores posibilidades de éxito.

▸ **El número de años de diferencia.** A más diferencia de edad, más dificultad para mantener la relación, pues comienza a haber una distancia generacional importante. A veces, llega a existir la posibilidad de que uno pudiera ser matemáticamente el hijo del otro. Esta diferencia generacional podría acarrear problemas de entendimiento en formas de actuar e incluso en las maneras de entender la vida.

▸ **La edad al inicio de la relación.** Influye de una manera muy directa. Cuanto más joven es la pareja, más se acusa la diferencia de edad. El miembro más joven, en ocasiones, no ha alcanzado ni la madurez ni la responsabilidad suficientes para darse cuenta del compromiso que adquiere al iniciar este tipo de relación. Además, cuando la edad del más joven se encuentra por debajo de los dieciocho años, resulta legalmente incorrecto. Sin embargo, cuantos más años tienen ambos, la diferencia de edad pierde relevancia.

▸ **Las experiencias previas.** Haber vivido experiencias como la vida marital o haber tenido un hijo condicionan el éxito de la pareja. Esto supone que el experimentado ha adquirido una mayor responsabilidad y concienciación del valor de la pareja. Por otro lado, el no experimentado debe ser capaz de entender los compromisos que debe ejercer su pareja, como padre o con respecto a su anterior pareja.

QUÉ HACER FRENTE A LOS PREJUICIOS

Es habitual escuchar entre la gente que nos rodea el debate sobre si es realmente posible que existan relaciones de pareja con grandes diferencias de edad.

A veces, incluso las familias de la pareja se muestran poco comprensivas; y sus críticas, en ocasiones, llegan a ser muy hirientes. Resultan especialmente dañinas las que provienen de los hijos de relaciones anteriores, pues más de una vez nos puede llevar a tomar la decisión de elegir entre éstos o la nueva pareja. Lo más conveniente es mantener la calma y no hacer caso a los agravios, conservando la buena relación alcanzada con los hijos hasta el momento de la formación de la pareja.

Pese a todo, las críticas pueden ser afrontadas si damos a conocer las verdaderas razones por las que se ha formado la pareja y los puntos fuertes que le dan solidez. Las murmuraciones maliciosas no deben ser tomadas en cuenta. Defender los sentimientos y el amor que nos profesamos el uno al otro, debe ser lo único a lo que darle importancia para superar de forma adecuada y óptima la adversidad.

Resulta esencial creer en el amor que se ha cultivado en la pareja. Debemos evaluar cuál ha sido el motivo que nos ha unido, aquello que más admiramos de nuestra pareja, qué es lo que realmente vale la pena en la relación. Una vez que hayamos respondiendo a estas preguntas, encontraremos la fortaleza necesaria para sacar adelante la relación.

Todas las relaciones de pareja pasan por ciertos momentos de crisis, se enfrentan a obstáculos y tienen problemas. Por ello, cuando éstos aparecen en una relación con diferencia de edad, no es justo achacarlo a esa diferencia de edad, sino enfrentarse a ellos y tratar de solucionarlo.

Cada miembro de la pareja tiene su forma de ser y sus gustos propios. Es necesario ser respetuoso y adaptarse a ellos, más aún cuando los gustos resultan más dispares como consecuencia de la diferencia de edad.

Además, es necesario conservar un estrecho vínculo con los hijos en caso de que los haya. Resulta primordial que la relación de pareja no interfiera en el trato de los padres con respecto a sus hijos y viceversa.

Por otra parte, mantener cierta independencia es vital en cualquier pareja, pero lo es aún más cuando hay mucha diferencia de edad. Esta independencia se refiere, por un lado, al ámbito económico, con el fin de no dar pie a reproches. Por otro lado, para poder seguir relacionándonos con el grupo de amigos de siempre, ya que cada edad tiene unas aficiones propias.

9. «PERTENECEMOS A RELIGIONES DIFERENTES»

Compatibilizar gustos, costumbres y tradiciones es uno de los múltiples obstáculos que debemos salvar si hemos elegido a una pareja de una cultura, religión o raza diferente a la nuestra. Seguramente son muchas las diferencias, pero conocer y respetar los rasgos culturales del otro ayudará a que la relación prospere.

Es verdad que las parejas entre personas de diferentes culturas ya no están censuradas socialmente, pero hay algunos obstáculos que se nos pueden presentar en la vida cotidiana, y que debemos estar preparados para salvar. La discrepancia cultural puede originar situaciones muy importantes en la vida de las personas como son, por ejemplo, el amor, la sexualidad, los hijos, el futuro o el trabajo, entre otros.

Conocer y respetar los valores del otro es fundamental. Hay que pensar que forman parte de la pareja y, por tanto, no podemos pretender cambiarlos. Cuando hay amor entre dos personas también hay que aprender a aceptar aquellos rasgos y hábitos que nos diferencian.

Con todo, las distintas creencias religiosas suelen ser la fuente más inmediata de conflicto. La relación de pareja debe ser armoniosa y equilibrada, y para ello necesita contener altas dosis de tolerancia y respeto. Las ideas que cada uno tenga sobre la religión no deben ser un instrumento por el cual pelear sino una forma de enriquecer a la pareja.

Cuando uno de los cónyuges trata de imponer por la fuerza sus valores, surge el conflicto. Lo importante en estos casos es hacer ver al otro que cada uno tiene unas creencias y que por el hecho de ser pareja no van a renunciar a ellas.

Muchos problemas surgen cuando nacen los hijos. La mejor postura es optar por permitirles a ellos mismos conocer ambas religiones. De esta forma, cuando estén realmente preparados podrán decidir cuál es la que más se acerca a sus pensamientos.

Un aspecto menor, pero que puede hacer mella en la cotidianidad, es el de las costumbres gastronómicas. En muchos países, las tradiciones culinarias van unidas a la religión y, aunque no es fuente de conflictos tan agudos como los provocados por esta última, sí puede ocasionar algún que otro quebradero de cabeza a la pareja. Por ejemplo, en la India las vacas son sagradas y los hindúes no pueden comer ternera, el *Corán* prohíbe a los musulmanes comer cerdo, y los griegos ortodoxos, por poner un ejemplo, no pueden tomar lácteos.

Resulta muy difícil renunciar a las tradiciones culinarias y en realidad no hay por qué hacerlo: son una forma de mantener vivas las raíces culturales. Es necesario aprender a convivir con ello, ya que forma parte de la pareja.

10. «HE PERDIDO EL INTERÉS SEXUAL»

Puede pasarnos a cualquiera de los dos, porque en estas cuestiones, tanto hombres como mujeres somos vulnerables. Ocurre cuando llega un momento en nuestra vida de pareja en que el sexo pasa a un lugar secundario. Una noche damos la vieja excusa del «me duele la cabeza»; a la siguiente, preferimos quedarnos mirando televisión hasta tarde, mientras el otro se va a dormir y, para cuando llegamos a la cama, no hay siquiera un beso de buenas noches. Quizá a la noche siguiente nuestra pareja haga algún movimiento insinuante, y nosotros, que tenemos el interés sexual por los suelos, seguramente no nos daremos cuenta de que nos estaba invitando a hacer el amor.

Muchas parejas reconocen haber perdido el interés por el sexo. Sienten que su deseo ya no es el mismo, que les produce hastío lo que antes les apasionaba y que la persona que antes acariciaban con delirio ahora no despierta ni su emoción ni su erotismo. ¿Qué está pasando? ¿Qué es lo que provoca esta apatía sexual, esta indiferencia?

En la mayoría de los casos es consecuencia directa del estilo de vida actual, que nos mantiene siempre al borde de un estallido de nervios: los hijos, la casa, el trabajo —o la falta—, los estados depresivos, las crisis personales... En fin, problemas no faltan. Y esto vale tanto para el hombre como para la mujer.

El hombre consulta de forma más rápida cuando tiene un problema de erección que exige «soluciones inmediatas». La dificultad está a la vista y le afecta en su virilidad. En cambio, las mujeres, aunque consultan directamente por su falta de interés sexual, demoran mucho en plantear el problema a un especialista. Muchas siguen escondiendo su problema fingiendo sus orgasmos para mantener las apariencias, o por miedo a confesar que el sexo no les apetece.

La falta de deseo no aparece de la noche a la mañana; se trata de una historia con comienzo, desarrollo y final. Muchas veces las manifestaciones tardan en aparecer. Cuando no entendemos qué le pasa al otro y no existe entre nosotros un diálogo franco, comenzamos a distanciarnos. Él prefiere pensar que su problema es orgánico y se aleja de su esposa por miedo al fracaso, y ella se queja de que su marido no la busca. Ella le reclama caricias; él responde mal. Conflicto en puerta.

Lo interesante es que hay solución en la gran mayoría de los casos; sólo hay que intentarlo, vencer los temores y tabúes. Animarse a hablar con la pareja, a plantear qué esperan de nosotros, cómo esperamos que el otro se comporte, entender que los tiempos de cada uno son diferentes.

Para recuperar lo perdido, dejar de lado la ansiedad es un buen punto de partida.

Pero, sobre todo, debemos entender que la pérdida del interés sexual no ha sido un suceso fortuito y espontáneo, sino que se trata de un proceso gradual resultado de nuestras propias acciones (o la falta de ellas). A veces pasamos por alto que, cuando estaba vivo el deseo, no era un suceso espontáneo; hacíamos cosas, nos decíamos cosas. Del mismo modo, la recuperación del interés perdido podría acontecer tan sólo por quererlo o desearlo.

El primer consejo es preparar el escenario. Identificar el contexto que nos excita y las señales que hacen que el deseo se despierte. Del mismo modo se debe tratar de recuperar las actividades que antes resultaban excitantes, como paseos a solas, salir a bailar o a tomar una copa.

Sin embargo, también hay que buscar novedades e introducirlas en el escenario habitual de las relaciones sexuales; usar una lencería sexy, tener relaciones en momentos excitantes, diferentes y en lugares insospechados, leer libros eróticos o ver películas excitantes, compartir fantasías... A pesar de que una de las claves de la vida en pareja es precisamente ésta, saber compartir, también conviene que cada uno de los componentes tenga intereses no compartidos por el otro.

11. «EL TRABAJO Y MI PAREJA NO SON COMPATIBLES»

Algo tan normal como acudir cada día a nuestro lugar de trabajo se puede convertir en un obstáculo a la hora de distribuir los tiempos de ocio y las relaciones con nuestra pareja. Cada mañana nos levantamos, acudimos a trabajar y después volvemos a casa. Así es la rutina normal de muchos hogares. Ambos miembros de la pareja se encuentran separados la mayor parte del día y su tiempo para relacionarse es extremadamente limitado.

Cada día, el nivel de desempeño que se exige en las empresas es más alto y son muchas las personas que se mantienen en el trabajo hasta altas horas. En esta sociedad competitiva, el empleado que más se involucra con sus tareas, y con el buen desarrollo de la empresa, será el más valorado y el que tendrá más posibilidades de ascenso.

Sin embargo, en este ascenso quedan a menudo en el camino la familia, los amigos y las relaciones sociales en general. En definitiva, la vida extralaboral desaparece.

Cuando no existe una buena comunicación con nuestra pareja, no nos vemos durante el día y la hora de la cena se convierte en la oportunidad ideal para quejas y recriminaciones, es que algo no funciona bien.

Unos se quejan del trabajo, de lo tedioso que resulta mantener el estatus adquirido; otros se quejan de las horas fuera de casa, de que no se ven nunca, del descuido de los hijos, etc. A pesar de que estas quejas son frecuentes, no hacemos nada por mejorar la situación y se convierte en una rutina que a menudo va unida a recriminaciones, discusiones, estrés, falta de comunicación, etc.

Si nos parásemos a pensar en los problemas que nos ocasiona el trabajo y todo lo que esto conlleva, probablemente seríamos más conscientes de qué es lo que queremos para nosotros y qué es lo que nos exige la empresa.

Tal vez podríamos encontrar un equilibrio y, si no es así, tal vez hayamos confundido nuestro rumbo profesional o, simplemente, es el momento de un cambio.

Aparte de los problemas de comunicación que ocasiona el no verse durante todo el día, o el que uno trabaje hasta las diez de la noche y el otro esté en casa con los niños, colegios, compras, etc., tendremos que tener en cuenta las prioridades de cada miembro de la pareja.

A menudo cuesta mucho que uno de los miembros se desligue de sus deberes laborales, que intente salir antes del trabajo, que delegue tareas o que no se responsabilice de algo... Para muchos significa el desprestigio profesional y la crítica de los demás, y enfrentarse a todo esto para mejorar la situación familiar depende de las prioridades de cada uno. Algunas preguntas que deberíamos hacernos si sentimos que nuestra pareja corre peligro por culpa de nuestro trabajo son:

▶ ¿Las discusiones con mi pareja tienen motivos laborales?

▶ Cuando llego a casa, ¿es tan tarde que los niños ya duermen y mi pareja ya ha cenado?

▶ ¿Podría vivir con un poco menos de dinero, reduciendo algunos gastos innecesarios?

▶ ¿Realizo actividades extralaborales de ocio con mi familia entre semana?

▶ ¿Cuántas veces por semana me reúno a charlar distendidamente con mi familia?

▶ ¿Cómo me veo dentro de veinte años? ¿En mi proyecto a largo plazo tiene más importancia la formación de una familia o el crecimiento personal?

▶ ¿Necesito el extra económico que nos aportaría un puesto de mayor responsabilidad?

▶ ¿Mis ambiciones laborales están satisfechas o siento que todavía necesito seguir ascendiendo?

▶ ¿Mi ego me permitiría dejar de luchar por un ascenso y conformarme con la posición que tengo?

▶ ¿Mi autoestima seguirá igual de alta si bajo el ritmo?

▶ ¿He intentado reorganizar mi vida laboral de modo de armonizarla con mi pareja?

Una vez que hayamos contestado con honestidad a estas preguntas, estaremos en condiciones de decidir si es momento de replantearnos algunos aspectos de nuestra vida laboral con el objetivo de mejorar nuestra relación de pareja.

Puede ocurrirnos que, aun dándonos cuenta de que un cambio es necesario, interpretemos que todavía no es el momento. En ese caso, es fundamental que lo hablemos con nuestra pareja, le planteemos nuestras inquietudes y prioridades, y busquemos su apoyo.

12. «YA NO TENEMOS PROYECTOS EN COMÚN»

Cuando empezamos a salir, quizá estábamos enamoradísimos. Pero el tiempo fue pasando y la relación se volvió rutinaria. El problema es que comenzamos a vivir el presente y no proyectamos nada para el futuro: ni viajar juntos, ni vivir en el mismo piso, ni tener hijos. Seguimos, pero ya nada nos une.

¿Suena a conocido? Es probable. A veces, detrás de la actitud de «estar sólo conectado con el aquí y ahora», que tanto se impone en la actualidad, se esconden los miedos. Como el de apostar al futuro, el de fracasar, o el de aceptar el nivel de compromiso que se tiene hacia el otro.

Cuando una pareja no es capaz de generar proyectos, se va muriendo, porque los vínculos parecen envejecer. Cada día se convierte en soportar la existencia, y la calidad de vida se empobrece terriblemente. Por supuesto, hay un tiempo de maduración

LA OPINIÓN DEL EXPERTO

«Tener un proyecto se ubica en un plano de crecimiento. Es preciso desarrollar tanto el personal como el de pareja. Si bien nunca se crece de forma idéntica, es posible lograr cierta complementariedad entre uno y otro. Pero vale aclarar: una situación es cuando se detiene el crecimiento de la pareja y otra cuando se diluye la pasión. Si bien están relacionadas, no son lo mismo.»

Gloria Rosendo
Psicóloga

subjetivo, y el aprendizaje es constante. La pareja —lo hemos dicho— es compartir. Por eso, ante la aparición del estancamiento, hay que sentarse a conversar y aclarar algunos aspectos de la relación. Para empezar, es importante asumir lo que cada uno siente y desea. Las posibilidades de trazar caminos son infinitas. Pero para ello es fundamental no disimular lo que acontece, ni pensar que el tiempo todo lo arregla. Redefinir deseos, objetivos y prioridades es el único remedio. Para ello debemos preguntarnos: ¿Qué quiero de mi vida? ¿Deseo seguir con esta relación? Muchas veces, nos apresuramos a bajar los brazos, nos separamos, y no nos damos cuenta de que el remedio que hemos decidido poner en práctica es peor que la enfermedad.

13. «CON MI PAREJA ME ABURRO»

En determinados momentos, pueden aparecer hastío, desgana o monotonía en una pareja estable. ¿Es posible superar el aburrimiento o hay que resignarse a que pase? Algo así nos pasó a todos alguna vez: queremos mucho a nuestra pareja, pero después de años de convivencia o noviazgo llegamos a aburrirnos.

El hecho de conocer las reacciones del otro antes de que se manifiesten, adivinar los comentarios que hará (o no) sobre tal tema, la película que querrá ver, las horas que deseará dormir y hasta la posición sexual preferida, puede ser bueno o malo, según cómo se mire. En una pareja, las rutinas pueden ser placenteras, llevables o una tortura. El aburrimiento es una de las sensaciones que, de forma silenciosa, son capaces de minar un vínculo durable en el tiempo. ¿Es posible revertirlo o hay que resignarse a convivir con él? ¿Es recomendable esperar que pase, al igual que una lluvia de verano?

Hoy, muchas parejas se encuentran en la disyuntiva de cumplir con sus obligaciones, como pagar cuentas, llegar a fin de mes o comprar los materiales para el colegio de los chicos, y darle

tiempo al ocio con la pareja. Y, como es previsible, todos nos incli-
namos por resolver lo más urgente. Por supuesto, nunca queda
tiempo para entretenerse y divertirse innovando.

Así se instala el denso aburrimiento. Las horas que no se suceden, la energía que se estanca. El tedio se transforma en algo
parecido a un paisaje de llanura en el que nada sobresale, y el
horizonte muestra una chatura desoladora.

Detectar el porqué de esa situación es la cuestión fundamental. En seguida se debe intervenir en el asunto. A todos nos ocurre
en algún momento que nos podemos aburrir, el tema es investi-
gar en qué posición subjetiva está la pareja, qué es precisamente
eso que nos molesta. ¿Puede el aburrimiento estar tapando un
miedo al cambio, a modificar ciertas pautas que no funcionan en
la relación, por ejemplo? El peor consejo: dejarlo pasar pensando
que «ya se resolverá».

14. «QUIERO PASAR UNOS DÍAS SIN MI PAREJA»

Planear los fines de semana juntos si nos gustan los mismos pai-
sajes o actividades similares está muy bien. Pero cuando uno prefiere la montaña o el mar, y el otro es un amante de las ciudades,
podemos terminar por pelearnos. Y si alguno de los dos tiene una
necesidad diferente, como la soledad, todo ello puede terminar
en catástrofe.

¿Nunca hemos pensado: «Me gustaría pasar unos días solo»?
Si es así, no deberíamos sentirnos culpables, porque es algo completamente normal y lógico. Hay momentos en los que podemos
sentir la necesidad de evadirnos, de vivir uno o dos días sin afrontar las obligaciones habituales.

Pero, claro, nuestra pareja no tiene por qué comprenderlo de
buenas a primeras. Nuestros motivos pueden ser absolutamente
razonables... para nosotros. Evidentemente, marcharnos sin
nuestra pareja no significa que nos vayamos a buscar otra com-

pañía, pero esto es algo que no siempre es fácil de hacer comprender.

Seguramente, las preguntas no tardarán en hacer su aparición aunque, seguramente, para estas preguntas no tendremos respuesta. ¿Adónde vamos? No lo sabemos... Tal vez a ese centro de relajación que nos recomendaron, o al refugio de montaña que reabrieron hace poco, o quizá alquilar una casita frente al mar... Por supuesto, es lo de menos: simplemente, queremos estar unos días solos, lejos de la rutina y estrés.

La pregunta del por qué quizá tampoco tenga respuesta. Muchas veces, ni siquiera nosotros mismos somos capaces de poner en palabras un sentimiento. Quizá sea, sencillamente, que queremos respirar un poco de aire libre, sin segundas intenciones. Por supuesto, no nos iremos con nadie: ¡de eso se trata! Es probable que a nuestra pareja le asalte el fantasma de los celos, pero lo cierto es que es difícil demostrarlo. De todas maneras, debemos tener en cuenta que, con esta decisión, estamos poniendo a prueba a nuestra pareja, pues, si se le ocurre comprobarlo, demostraría una gran falta de confianza.

Con respecto a dejarle el número de teléfono del sitio donde vamos a estar (porque, evidentemente, no pensamos llevar el móvil), debemos saber poner límites: lo que queremos es, justamente, desconectar, en sentido literal y figurado.

Con nuestro viaje, queremos tener el lujo de sentirnos ilocalizables, de sólo existir en relación a nosotros mismos, sin la mirada del otro. Claro que, como hemos elegido vivir en pareja, eso es prácticamente imposible. ¿Qué hacer? Una vez más, intentar explicar lo que sentimos.

Eso sí: si nuestra pareja no consigue comprendernos, no debemos apresurarnos e iniciar una disputa. Tenemos que tener paciencia y esperar a que se presente una mejor oportunidad para exponer nuestro punto de vista de una forma tranquila y sin acaloramientos innecesarios.

De todas maneras, si pensamos que, por cualquier motivo, nuestra relación puede ponerse en peligro por nuestro deseo de pasar unos días en soledad, es preferible desestimar la idea, al menos hasta que el panorama sea más favorable.

Sin embargo, debemos abstenernos de reprochar a nuestra pareja el habernos privado de unos cuantos días de libertad, o quejarnos amargamente porque no nos comprende. El peligro sería prácticamente el mismo.

Si realmente deseamos pasar unos días solos, pues ya llegará el momento. Por ahora, es mejor renunciar de buena gana, buscando las razones que nos permitan sentirnos a gusto con nuestra pareja.

Por otra parte, si nunca hemos intentado esta experiencia de soledad, debemos tener en cuenta que el retorno al hogar no siempre es fácil. La readaptación a la vida en pareja tiene sus complicaciones. Una razón más para pensárnoslo con calma, detenidamente.